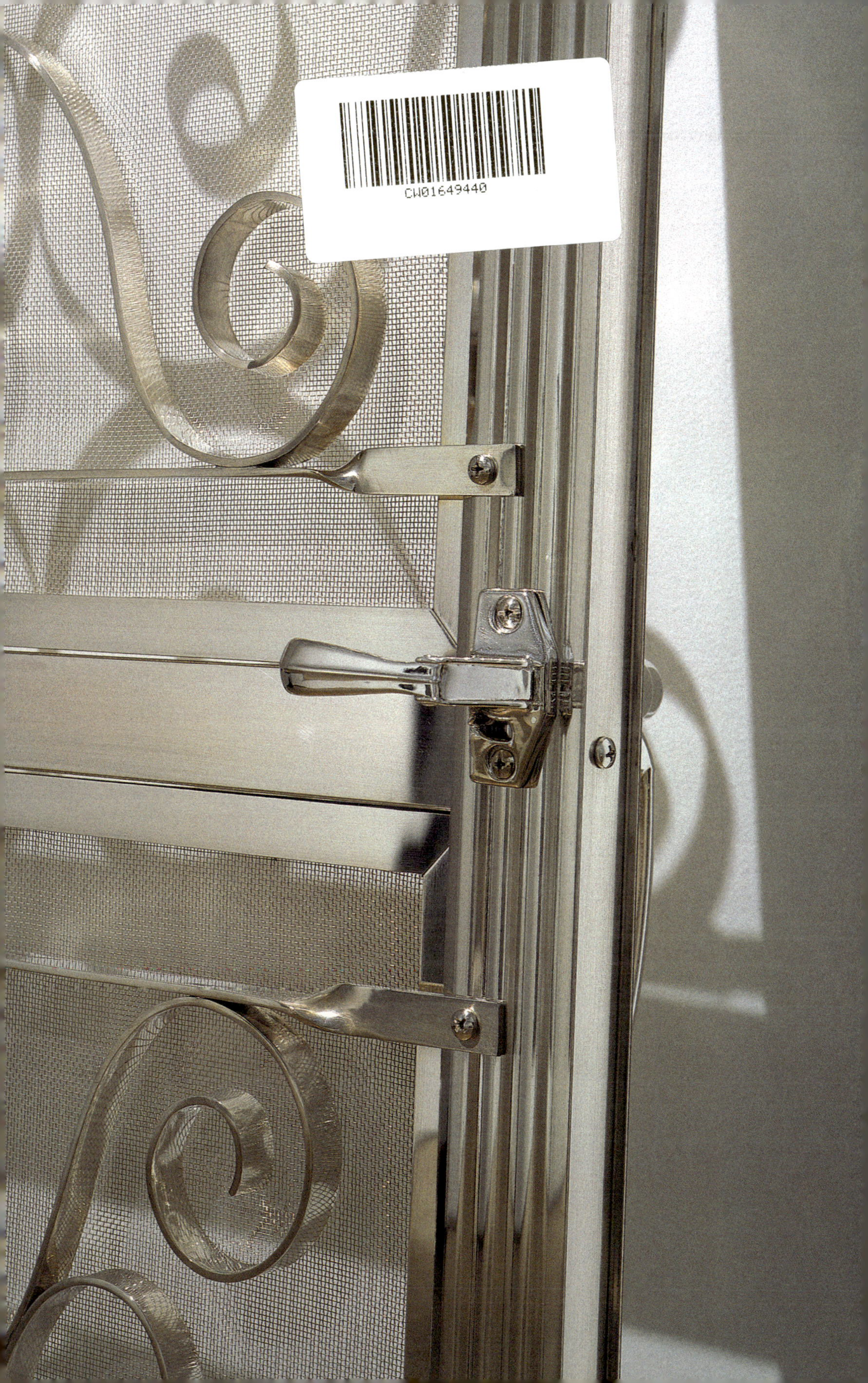

JOSÉE BÉLISLE

RODNEY GRAHAM

Musée d'art contemporain de Montréal
Du 5 octobre 2006 au 7 janvier 2007

Rodney Graham

Une exposition organisée par le Musée d'art contemporain de Montréal et présentée du 5 octobre 2006 au 7 janvier 2007.

Commisaire : Josée Bélisle, conservatrice de la Collection

Cette publication a été réalisée par la Direction de l'administration et des activités commerciales du Musée d'art contemporain de Montréal.

Éditrice déléguée : Chantal Charbonneau
Documentation biobibliographique : Martine Perreault
Révision et lecture d'épreuves : Susan Le Pan, Olivier Reguin
Traduction : Susan Le Pan, Colette Tougas
Conception graphique : Fugazi
Photographies : pages 25-27, 29-32, 35-37, 47, 58-59 : avec l'aimable permission de la Donald Young Gallery, Chicago; page 33 : A. Burger, Zürich, avec l'aimable permission de Hauser & Wirth, Zürich; page 39 : Dave Morgan, avec l'aimable permission de la Lisson Gallery, Londres; couverture et pages 41-45 : Richard-Max Tremblay; pages 49, 51-53, 55 : Scott Livingstone, photographies de production
Impression : IntraMédia

Le Musée d'art contemporain de Montréal est une société d'État subventionnée par le ministère de la Culture et des Communications du Québec, et il bénéficie de la participation financière du ministère du Patrimoine canadien et du Conseil des Arts du Canada.

Dépôt légal : Bibliothèque et Archives nationales du Québec, 2006
Dépôt légal : Bibliothèque et Archives du Canada, 2006

Couverture
Screen Door (détail), 2005

Conseil des Arts du Canada
Canada Council for the Arts

Catalogage avant publication de Bibliothèque et Archives Canada

Bélisle, Josée

Rodney Graham

Catalogue d'une exposition présentée au Musée d'art contemporain de Montréal du 5 oct. 2006 au 7 janv. 2007.
Comprend des réf. bibliogr.
Texte en français et en anglais.

ISBN-13: 978-2-551-22914-7
ISBN-10: 2-551-22914-6

1. Graham, R. (Rodney) – Expositions. I. Graham, R. (Rodney). II. Musée d'art contemporain de Montréal. III. Titre.

N6549.G79A4 2006 709.2 C2006-941403-3F

Remerciements
Rodney Graham, Scott Livingston, Shannon Oksanen; Donald Young, Emily Letourneau et Tiffany Stover, Donald Young Gallery, Chicago; Lisa Spellman et Simone Montemurno, 303 Gallery, New York; Florian Berktold, Hauser & Wirth, Zürich; Christine Burgin, Christine Burgin, Gallery, New York; Bob Rennie, Rennie Management et Wendy Chang, Rennie Collection, Vancouver; Robert-Jean Chénier; Rosaire Archambault; Justyna Niewiara, Lisson Gallery, Londres.

Distribution
ABC Livres d'art Canada/Art Books Canada
372, rue Sainte-Catherine Ouest, bureau 229
Montréal (Québec) H3B 1A2
Téléphone : 514 871-0606
Télécopieur : 514 871-2112
www.abcartbookscanada.com
info@abcartbookscanada.com

Table des matières

Avant-propos

MARC MAYER

À bien des égards, Rodney Graham est l'artiste contemporain modèle. Contrairement à un artiste traditionnel, il n'est pas connu pour sa maîtrise d'un médium spécifique; il développe plutôt ses idées en se servant des techniques qui répondront le mieux à un sujet donné. Il n'existe pas de griffe particulière ou de style reconnaissable qui identifierait une œuvre de Rodney Graham et, quand on connaît bien son travail, son nom évoque aussi aisément la sculpture, la vidéo et la photographie que le livre, le disque, l'aquarelle et le collage — des formes qui, toutes, sont explorées par Graham. En fait, quand vient le temps de décrire l'état actuel de la profession artistique, il s'avère un exemple utile, mais seulement dans la mesure où sa pratique permet d'illustrer à quel point il est difficile de cerner cet état. Même le terme d'*art visuel* est trompeur dans son cas, puisque bon nombre de ses œuvres incorporent du son et de la musique. Au-delà du statut actuel de l'art, Rodney Graham m'apparaît être un praticien exemplaire, bien qu'il soit loin d'être typique.

Insatiable sur le plan intellectuel, il est polyvalent et pragmatique, non seulement par sa manière d'aborder son métier, mais aussi par son choix de contenu. Il est aussi à l'aise dans les idiomes populaires que dans ceux de l'élite, traitant de sujets modernes, pré-modernes, voire anciens. Son recours à la citation est peut-être le seul trait qui soit typique de l'approche de Graham et, pris dans son ensemble, son corpus peut se lire comme une série de commentaires sur l'art et les idées qui l'ont précédé. Par contre, il est davantage un anti-exégète de la culture occidentale qu'il n'en est un interprète, puisque la fréquentation d'une œuvre de Graham ne nous donne pas une compréhension plus solide du sujet qui l'anime. Qu'il cite Wagner, Freud, les frères Grimm, Edgar Allan Poe ou Elvis, l'étincelle de sens est fugitive et nos pensées sont finalement détournées de son sujet supposé. Qu'il nous invite à réfléchir aux cow-boys, aux pirates, à la gravité, à la lumière ou au LSD, il nous éclaire moins qu'il nous enchante, ce dernier mot étant peut-être le plus juste pour décrire l'expérience que nous vivons en apprenant à connaître ce travail résolument élégant. Et, comme tout art exceptionnel, les enchantements de Rodney Graham sont uniques, intenses et durables.

Nous sommes particulièrement reconnaissants à Rodney Graham de la bienveillante générosité de sa collaboration, laquelle a fait de la production de la présente exposition une véritable joie pour nous tous au Musée d'art contemporain. Donald Young, de Chicago, l'un des nombreux représentants de l'artiste et un bon ami du Musée, a apporté une aide inestimable à l'organisation de l'événement. Nous avons eu plusieurs occasions de le remercier par le passé, et c'est avec enthousiasme que nous le faisons à nouveau aujourd'hui. Lisa Spellman de la 303 Gallery représente Rodney Graham à New York. Réputée dans le monde pour sa finesse et sa cordialité en tant que marchand d'art, elle est également connue ici pour la qualité de son soutien à titre de collaboratrice. Nous l'en remercions. Comme toujours, notre gratitude va aux collectionneurs dont les prêts, indispensables, ont contribué à la réalisation de cette exposition. Parmi eux, nous tenons à remercier de tout cœur Bob Rennie, dont l'excellence de la collection sera rapidement vérifiée par les visiteurs qui pourront en apprécier deux œuvres majeures. Josée Belisle, l'un des grands atouts du Musée, a travaillé de près avec l'artiste pour en arriver à une exposition dont on se souviendra à Montréal dans les années à venir. Je la félicite de cette réalisation, de même que de la grâce et de la clarté de sa prose.

Regarder, mais aussi lire et écouter l'œuvre de Rodney Graham…

Découvrir avec délice le savant paradoxe de grandes vérités et de petits mensonges…

Une œuvre génialement paradoxale

JOSÉE BÉLISLE

Il y aurait à première vue, dans l'œuvre génialement paradoxale de Rodney Graham, un condensé unique de rigueur et de mélancolie, d'humour et d'érudition, de cohérence et d'éclectisme; un refus absolu de se limiter à un seul médium, un seul style, un seul contenu; une quête inspirée — et vaguement encyclopédique — de sens au sein du vaste champ de l'art et de la connaissance. Somme toute un projet à la fois immense et réaliste, empruntant peut-être à la démesure et à l'extravagance des absurdes et héroïques Bouvard et Pécuchet, ces célèbres personnages « copistes » imaginés par Gustave Flaubert. Ici s'arrête pourtant cette dernière analogie, car chez Graham, les références choisies, célébrées, et les emprunts délibérés participent toujours de stratégies d'appropriation et d'altération qui concourent à l'élaboration d'une œuvre profondément personnelle et originale.

Depuis le milieu des années 1970, Rodney Graham explore et expose donc, à travers l'installation, la photographie, la musique, la vidéo et le film (entre autres), différentes avenues du savoir et de la culture qui ont marqué le XXe siècle. La psychanalyse freudienne, notamment avec le *Rêve de la monographie botanique*[1], la littérature (de Edgar Allan Poe à Ian Fleming), la musique (celle de Frédéric le Grand de Prusse, de Wagner ou encore, plus près de nous, de Kurt Cobain et de Nirvana), voilà autant d'arguments menant à la production d'œuvres cérébrales, philosophiques, critiques, dont plusieurs sont teintées d'humour, et qui réexaminent librement certains fondements de la culture occidentale. Souvent lui-même protagoniste de ses photographies et de ses films (depuis 1994), l'artiste n'hésite pas à se réapproprier des genres littéraires choisis, le format de partitions musicales et l'usage du ready-made comme tissu premier de ses œuvres.

Au cours des dernières années, Rodney Graham s'est davantage préoccupé de mettre en forme des propositions empruntant aux *mass media* : d'analyser certains genres du cinéma (d'aventure, d'époque), du vidéoclip, de la ballade country ou de la musique rock — *I'm a Noise Man*, nous précise-t-il[2]. D'ailleurs le titre de son exposition tenue à Munich en 2000 — *Some Works with Sound Waves, Some Works with Light Waves and Some Other Experimental Works*[3] — décrit somme toute avec justesse la nature conceptuelle et multidisciplinaire de son projet esthétique. Le son et la lumière, l'image et le texte sont sans cesse repris pour étoffer des anecdotes et fabriquer des constructions en définitive visuelles — sans toutefois s'y limiter — d'une étonnante clarté formelle qui viennent brouiller à dessein les limites convenues entre la culture pop et l'art contemporain.

L'une des constantes de l'œuvre de Graham serait aussi ce regard pénétrant posé sur les rapports entre nature et culture, déjà particulièrement évident dans sa première œuvre photographique, *75 Polaroids* (1976) — une suite de petits clichés saisis en forêt la nuit et disposés par la suite en frise à la hauteur des yeux, dans un espace assombri reconstruit à l'intérieur d'une galerie — et dans ses séries photographiques très connues consacrées aux arbres solitaires renversés (à partir de 1989), dont l'origine remonte à l'œuvre *Camera Obscura*, d'abord installée dans un champ à Abbotsford en 1979. Par la suite, d'autres œuvres, parmi lesquelles le film *Two Generators* (1984) et l'installation *Edge of a Wood* (1999), cristallisent cet intérêt marqué et simultané pour le paysage (forêts, ravins, cours d'eau) et pour les dispositifs techniques et sonores, photographiques et filmiques qui en permettent l'illumination (l'éclairage), l'observation, la captation et la représentation, en bref la révélation.

Résolument inscrite dans le paysage d'une nature sauvage idyllique[4] et filmée en 35 mm, une œuvre plus récente de Rodney Graham, *How I Became a Ramblin' Man* (1999), propose une vision amusée du cinéma épique américain envisagé sous l'angle de la grande tradition du western mettant en scène un héros solitaire. Le format panoramique de l'image s'accorde bien avec les lents déplacements du personnage, apparaissant et disparaissant du champ de l'image à chacune des plans séquences. L'utilisation de plans fixes rappelle la pratique photographique de Graham et son regard attentif sur la nature. La bande-son mêle le bruissement des

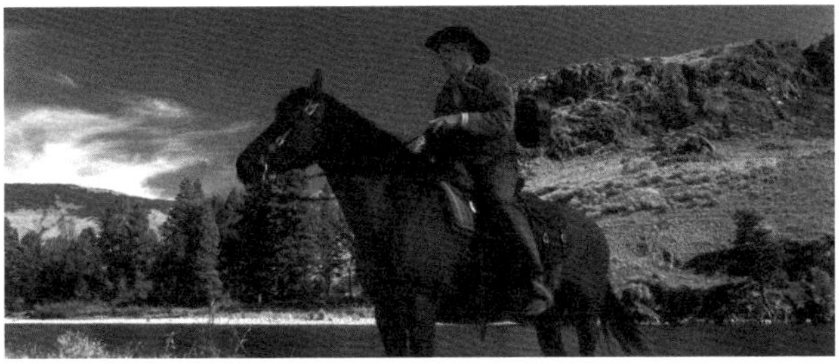

feuilles, le clapotis du cours d'eau, le bourdonnement des insectes, les hennissements et les pas scandés du cheval, compagnon et alter ego du héros, ce cow-boy solitaire qui n'est pas sans évoquer le *Marlboro Man* de la publicité. À cette mélodieuse cacophonie s'ajoute à point nommé la prestation irrésistible du cow-boy chantant une ballade en s'accompagnant à la guitare :

> I've been following this pal o' mine,
> through the canyons of my wasted time (...)
> I'll be a drifter till the day I die (...)
> My father once told me
> Folks can't stand the sight of a solitary man,
> I'll tell you how I became a ramblin' man[5]...

Projetée en boucle, élastique et lumineuse, l'œuvre réexamine les conventions stylistiques de l'art cinématographique et elle met de l'avant une esthétique picturale célébrant la romance de l'Ouest et le rêve américain dans une palette bleue et ocre où elle formalise, dans le temps dilaté de ces presque arrêts sur image, la dimension existentielle de l'errance du héros postmoderne. L'artiste interprète lui-même le rôle du cow-boy troubadour et rêveur qui a troqué son arme pour une guitare.

Cette ode lyrique au mythe du héros solitaire dans un contexte glorifié et évocateur trouve un écho oblique dans *Loudhailer* (2003), où l'artiste campe un officier de la Gendarmerie royale du Canada debout sur le pont d'un hydravion de Havilland Beaver. L'action se situe au large de la Colombie-Britannique, avec en arrière-plan de somptueuses et lointaines montagnes; l'officier en uniforme tente de communiquer d'obscures instructions par le porte-voix. Le tout s'avère presque inintelligible, sauf pour

How I Became a Ramblin' Man p. 24

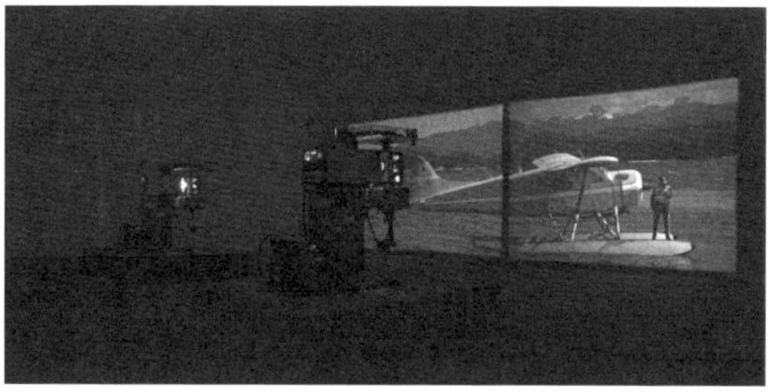

une portion de phrase qui revient tel un leitmotiv : « Send out a dinghy » (Envoyez un canot pneumatique). La relative absurdité de la scène, à la fois banale et possiblement inquiétante, est amplifiée par le dispositif : il s'agit ici d'une double projection, les deux moitiés de l'image s'ajustant au milieu de l'avion ballotté par les vagues. Projetés côte à côte, les deux films 35 mm ne sont pas synchrones et la jonction des images est volontairement imparfaite. La bande-son ajoute les bruits de la nature au discours laborieux du policier. Cette représentation d'une figure d'autorité qui perd la maîtrise de la situation, et donc toute crédibilité, en dépit de l'authenticité majestueuse du décor très canadien, illustre certains aléas de la réalité quotidienne (un scénario où rien ne va plus) envisagée sous l'impitoyable lentille de la dérision et des symboles. La coupure au centre de l'image et la discordance recherchée entre les diverses composantes accentue la facture apparemment décousue de l'ensemble et produit en technicolor un dialogue de sourds vaguement hyperbolique — notamment en raison de la présence et du bruit considérable des deux projecteurs dans l'espace de l'installation — où le héros contrecarré se retrouve isolé et incapable de rejoindre le rivage pour exercer dûment ses fonctions.

Le héros *grahamien* se trouverait ainsi constamment aux prises avec les vicissitudes découlant de son rôle. Il évolue de manière inéluctable à l'intérieur de cycles de répétitions et de récurrences programmés par les exigences conceptuelles et pragmatiques de la boucle (*loop*), de la circularité. Cela induit chez le spectateur le goût simultané d'une apparente insouciance et d'une persévérance obligée.

Délaissant le caractère plus terre à terre et actuel du cow-boy dilettante et du Mountie contrarié, Rodney Graham s'est attaqué récemment avec

Loudhailer p. 28

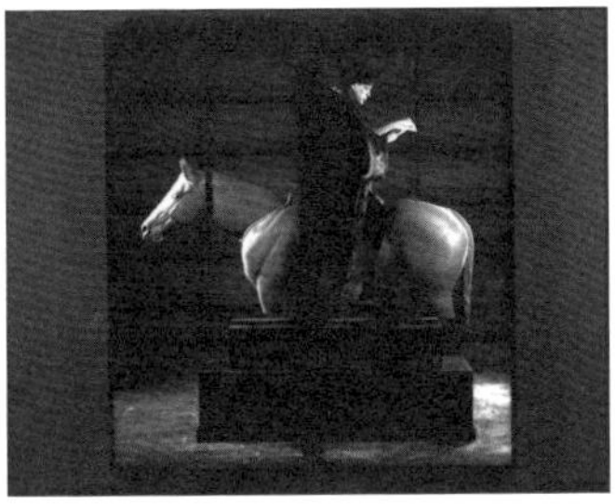

grand sérieux au projet d'une girouette monumentale à saveur historique qu'il souhaiterait réaliser en bronze et installer au sommet d'un édifice public. Pour le moment, *Allegory of Folly: Study for an Equestrian Monument in the Form of a Wind Vane* (2005) est un impressionnant diptyque photographique noir et blanc enchâssé dans des boîtiers lumineux. L'artiste s'y représente sous les traits et le costume du philosophe humaniste hollandais Érasme tel qu'il a été peint par Hans Holbein le Jeune vers 1523. Graham enfourche à l'envers un cheval mécanique (du type de ceux qu'utilisent les jockeys à l'entraînement, ou s'apparentant peut-être à ceux des manèges de fêtes foraines), en même temps qu'il semble s'adonner à la lecture d'un ouvrage colossal (en réalité le bottin téléphonique de Vancouver). Cette chevauchée improbable à contresens et à contre-courant renvoie à une anecdote rapportant qu'Érasme aurait composé son ouvrage *Éloge de la folie*, dédié à Thomas More, lors d'un voyage équestre d'Italie en Angleterre. Thomas More fut également le protecteur de Hans Holbein. Rodney Graham propose quant à lui une « allégorie de la folie » sobre et délirante où tous les aspects de l'image sont mis à contribution pour fixer le mouvement arrêté d'une convaincante démonstration sur les mérites potentiels de l'humble et mobile girouette comme véhicule convenu de l'indécision, mais ici mis au service de l'hommage, du monument et de la statuaire. Rodney Graham a réalisé quelques années plus tôt, en 2002, *Weather Vane,* une petite girouette en acier inoxydable, aux dimensions plus réduites, où il se plaisait à chevaucher oisivement sa bicyclette à l'envers, assis sur le guidon, observant tous les horizons et, semble-t-il, toujours prêt à remonter le cours du temps…

Dans le récent *Torqued Chandelier Release* (2005), Rodney Graham concerte en silence — n'était le bruit omniprésent du projecteur 35 mm qui

Allegory of Folly: Study for an Equestrian Monument in the Form of a Wind Vane p. 38

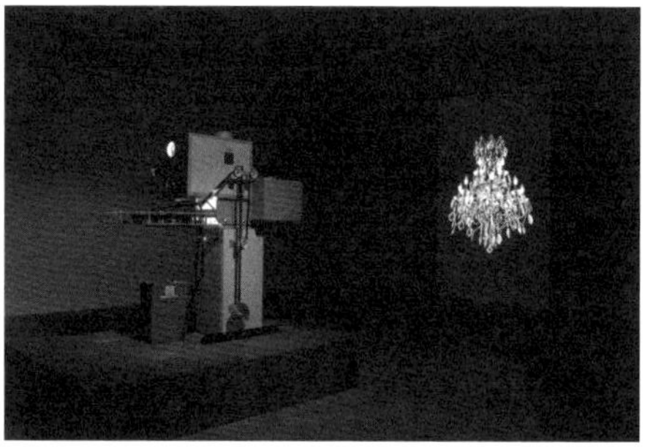 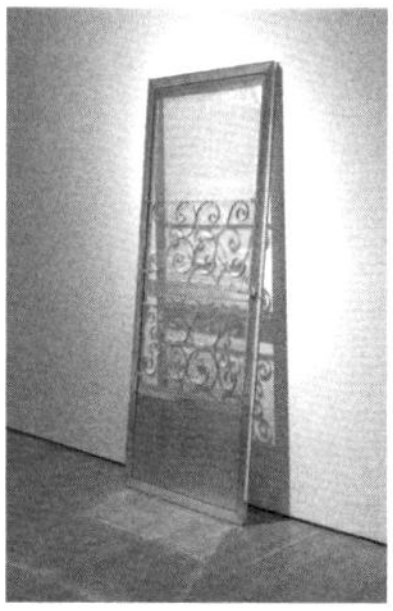

fait partie intégrante de l'installation filmique — une éblouissante synthèse des grands genres picturaux : le format vertical de l'image, celui du portrait, cadre la représentation d'un lustre de cristal dont la suspension n'est pas sans rappeler l'étrange et insolite beauté de ses paysages photographiques d'arbres solitaires renversés. Le mouvement pivotant (et quasi perpétuel) auquel est soumis l'objet lumineux en accentue précisément l'exquise délicatesse et la fragilité ainsi *mises en lumière* dans une nature morte emballée, voire déchaînée. Le déferlement des particules de lumière cristallines sur fond d'obscurité procède de la reprise d'une expérience de Sir Isaac Newton sur le mouvement et la gravité (un seau rempli d'eau suspendu à une corde est tourné au maximum et puis relâché) et il souligne de plus la nature même du médium filmique avant tout défini par la lumière et le mouvement. Le film a été tourné en 48 images/seconde (deux fois la vitesse normale) et il est diffusé par un projecteur spécialement fabriqué pour cette vitesse et le basculement à la verticale du format. Il en résulte une clarté accrue de l'image dévoilant dans tous ses détails la poésie d'une nature morte en mouvement au sein de ce qui devient presque un paysage abstrait. Le lustre évoque également pour Graham une scène périlleuse du film *Scaramouche* (1952) où la chute d'un tel objet manque d'écourter dramatiquement la vie du personnage incarné par l'acteur Stewart Granger[6]. Il pourrait aussi s'apparenter au lustre également fatidique du *Fantôme de l'Opéra* de Gaston Leroux. De plus, son aspect raffiné peut rappeler au spectateur le savoir-faire expert des maîtres artisans de Venise (Murano).

D'un objet précieux (et faussement utilitaire) à l'autre, *Screen Door* (2005) correspond d'emblée à l'idée même de l'œuvre classique et exemplaire, cependant que la somme de ses possibles significations lui confère

Torqued Chandelier Release p. 34 – **Screen Door** p. 40

un potentiel didactique, voire muséal, extrêmement riche et pertinent. Il s'agit en fait de la reproduction en argent de la porte originale de l'entrée arrière de Graceland, la célèbre demeure de Elvis Presley. Voici ce que nous précise l'artiste : « Lorsque Elvis a décoré Graceland en 1968, la porte originale a été enlevée et entreposée. En 1999, elle a été vendue aux enchères à l'hôtel MGM de Las Vegas, avec d'autres objets ayant appartenu à Presley, tels sa Bible, son revolver PPK, sa carte de crédit Texaco, etc. Quand j'ai vu l'image de cette porte moustiquaire, si banale et répandue partout en Amérique du Nord, j'ai voulu en faire quelque chose, et j'ai décidé d'en faire un énorme bijou[7]. » Simplement appuyée au mur, l'humble et pourtant étonnante porte en argent revêt effectivement l'apparence d'un bijou précieux dont le grand format n'est pas sans rappeler tous les excès du King, son goût du luxe et du kitsch ainsi que son importance parmi les figures cultes des dernières décennies. De plus, le motif de la porte est on ne peut plus évocateur : l'archétype du passage, l'entrée, le début, la fin...; la presque transparence de la moustiquaire qui peut laisser tout entrevoir, la patine rutilante qui suggère le miroir réfléchissant... Ni tableau ni sculpture à proprement parler, et pourtant les deux à la fois, cette œuvre nous invite à la traversée des apparences et nous transporte *de l'autre côté du miroir* (celui d'*Alice au pays des merveilles*). Elle peut aussi devenir une véritable porte d'entrée à l'art contemporain et une possible clé à la diversité de ses discours.

Rodney Graham se plaît à l'évidence à voyager dans le temps, à travers les époques, les manières et les styles, mais il surprend avant tout par l'étendue et les ramifications des références multiples qui étoffent les scénarios divers du théâtre éclaté et inclassable de ses œuvres.

Ainsi condense-t-il fort adroitement des éléments variés dans *A Glass of Beer* (2005), composition à la fois élégante et vaguement triviale de miroirs encadrés, ready-made inspirés fabriqués de toutes pièces : d'abord un portrait (son autoportrait), sérigraphié et répété sous forme de variations à la manière de Andy Warhol, fait référence au tableau de Manet *Le Bon Bock* (1873), inspiré de Hals; des images de produits dérivés, promotionnels et publicitaires pour la bière et des pubs lui font écho; un habit de mariachi mexicain apporte une autre référence à Manet et à son intérêt pour la peinture espagnole, celle de Vélasquez, notamment, et fait allusion à l'intérêt marqué de Graham pour la musique[8].

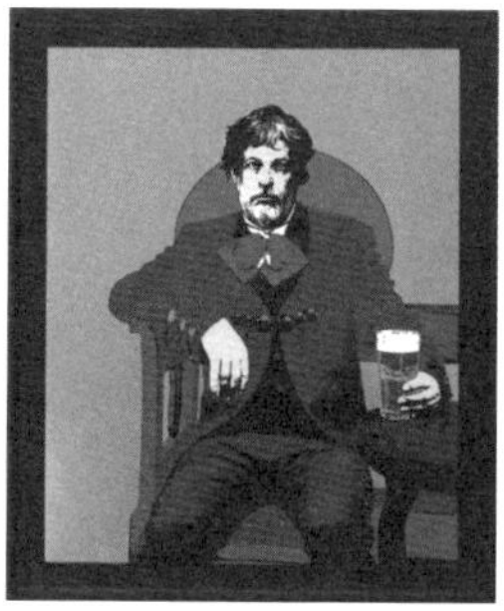

Empruntée à Brian Wilson des Beach Boys, l'expression *the nearest faraway place*, « le plus proche des endroits éloignés »[9], définit justement cet attrait pour des lieux qui, apparemment anodins et banals, deviennent intéressants et porteurs de sens lorsqu'ils sont repérés et investis par Rodney Graham. Ainsi en est-il par exemple de Aberdeen, dans l'État de Washington, le lieu de naissance abhorré de Kurt Cobain (« Cobain détestait Aberdeen de manière créative, de la même manière que Freud avait détesté Vienne[10]. »), qui prend une tout autre dimension pour Graham (« Je ne fus pas surpris de trouver l'endroit plutôt pittoresque et beau[11]. ») et qui deviendra la matrice d'une installation multimédia (projection de diapositives, création d'une bande sonore, chanson originale...) hybride et touchante.

Au moment où j'écris ces lignes, Rodney Graham réalise des œuvres nouvelles, dont il est le protagoniste principal et qui incorporent des réflexions inattendues, rassemblent des motifs hétéroclites et induisent de nombreux niveaux d'interprétation. Les méandres de son imaginaire intarissable et inclassable permettent la coexistence et la confrontation de notions et d'états souvent éloignés et étrangers les uns aux autres en un parcours qui suit le fil ténu reliant les pièces détachées de l'œuvre d'art, quel qu'en soit le médium, cristallisant ainsi quelques étapes d'une remarquable carrière artistique, si disparates puissent-elles sembler lorsqu'elles sont envisagées successivement.

Dans l'une de ces œuvres, *Three Musicians (Members of the Early Music Group "Renaissance Fare" Performing Matteo of Perugia's "Le Greygnour Bien" at the Unitarian Church of Vancouver, Late September 1977)*, Graham reconstitue au sein d'un triptyque photographique la prestation fictive d'une pièce musicale ancienne dans une église reconnue pour son ouverture œcuménique.

A Glass of Beer p. 46

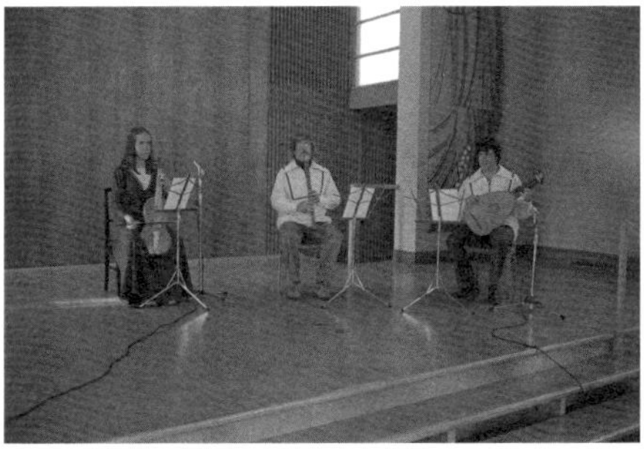

L'expression *le greygnour bien* correspondrait dans la langue d'oc au « plus grand bien », ou encore à ce qui est « plus grand que nature »; il s'agit d'une pièce musicale complexe et étonnante composée à la manière de l'*Ars subtilior* par l'Italien Matteo da Perugia (?–1418). Le musicien a intégré la virtuosité de l'école polyphonique française de la fin du XIVe siècle, caractérisée entre autres par l'usage de la syncope et de la dissonance. Les trois musiciens du titre — emprunté à Picasso[12] — deux hommes et une femme, jouent de la viole (la femme), du luth et de la flûte à bec. Rodney Graham figure dans l'image centrale, y jouant de la flûte. Les années 1970 constituent une période extrêmement fertile en expérimentations de toutes sortes, et l'intérêt manifeste pour la musique ancienne au moment même où tout éclatait dans tous les sens s'accorde à l'évidence avec l'extraordinaire liberté d'expression et d'action si caractéristique de l'époque.

Également projetée dans le contexte de ces années de prédilection, *Awakening* convoque cette fois le groupe britannique culte Black Sabbath. Reconstituant une photo publicitaire prise en 1970 par le photographe rock Chris Walter[13], l'image représente le groupe dans un parc, pointant du doigt un homme plus âgé dormant sur un banc; ils rient ou se moquent de lui. C'est Rodney Graham qui est couché sur ce banc et il s'éveille — ou est sur le point de s'éveiller. Outre l'affirmation de ses affinités avec la musique rock, l'artiste établit d'emblée un lien avec deux de ses œuvres précédentes où le sommeil joue un rôle prépondérant, nommément le vidéo *Halcion Sleep* (1994)[14] et le film *Vexation Island* (1997)[15]. Il précise : « Mon approche est une "re-présentation historique" ironique où je suis un protagoniste.[16] » Graham savoure cette situation où ses propres et tardives aspirations comme musicien rock deviennent un motif de risée pour ce *band* iconoclaste et

Three Musicians... p. 50

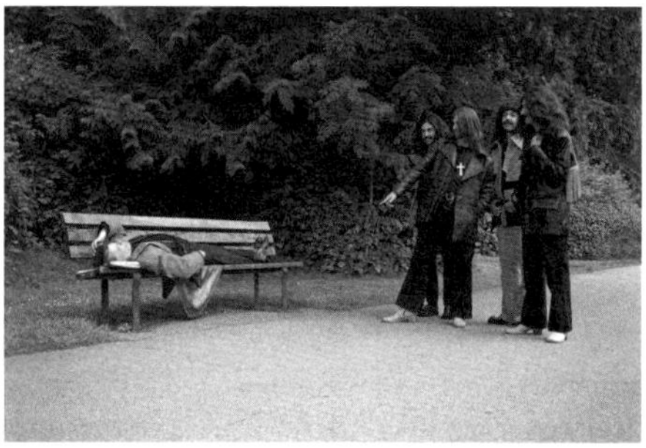

tapageur célébré par ses fans. De plus, la notion de *awakening* (éveil, réveil, réalisation…) est imprégnée de significations multiples, notamment celle de la réponse à un appel spécifique : « Peut-être suis-je “appelé” à la vocation du rock par des imitateurs du groupe Black Sabbath… et j'aime bien le titre “Awakening” dans le contexte où Ozzy et Tony Iommi portent de lourdes croix de métal autour de leur cou : des rockers qui renaissent[17]… »

Depuis quelques années, Rodney Graham affectionne la pratique du dessin et de la peinture. Il commet ainsi, avec une aisance irrésistible, des ensembles de pochades réalisées sur des supports variés, des pochettes de disque vinyle, papiers, petites toiles… Adoptant momentanément des styles particuliers ou s'y consacrant plus longuement, il a par exemple réalisé l'automne dernier un corpus de dessins de type moderniste, ou encore plus récemment des tableautins explorant des idiomes plastiques reconnaissables. Chacune de ces œuvres — aux dimensions certes plus modestes que ses installations, films et grandes images photographiques méticuleusement mises en scène — devient ainsi concrètement l'écran de veille et la page de garde du geste grahamien. Et ce, sans complaisance ni concession aux modes du jour.

Rodney Graham sait également reconnaître, en leur rendant hommage de manière à peine voilée, l'apport incontournable des principales figures qui ont marqué les développements de l'art moderne et contemporain. Il songerait en ce moment, entre autres, à Marcel Duchamp et à Michael Snow, convoqués dans une « scène de western paradoxal », dont seul il possède la logique intérieure[18]. Il prépare aussi, sous forme de petites boîtes lumineuses, un ready-made insaisissable et enchanteur, capteur, sur quatre faces, de « l'essence de fumée[19] » !

Awakening p. 48

Poursuivant sur un mode imprévisible l'approfondissement de ce qui pourrait devenir un palmarès personnel de certains « grands moments » des années 1960 et 1970, musicalement parlant, Rodney Graham s'attarde à reconstituer, en lui inculquant une allure new-yorkaise, une performance de type Fluxus dans laquelle sont lancées (lobées) des pommes de terre sur un gong (« Lobbing Potatoes at a Gong[20] »). Le film 16 mm noir et blanc qui documentera cette version nouvelle de la performance deviendra ainsi une archive continue d'un scénario absurde, provocateur et, en quelque sorte… inspiré. L'artiste y personnifie évidemment le batteur amateur de tubercules.

De toutes les *personae* que Rodney Graham a choisi d'incarner et d'explorer, celle, éventuelle, de l'amateur doué (« the gifted amateur ») rassemble des qualités d'introspection et de vulnérabilité particulièrement sensibles. Peut-être parce que l'artiste ne lui donne pas de dimension héroïque, alors qu'il nous avait habitués précédemment à des manifestations tragi-comiques, grand-guignolesques ou encore absurdes. De la même manière que la musique, ou l'idée de la musique, traverse l'œuvre tout entier — de la musique ancienne aux chefs-d'œuvre wagnériens et jusqu'à la musique pop et rock —, et que la littérature et le grand art habitent et nourrissent l'univers à la fois sans bon sens et tellement plein de sens qui se déroule devant nos yeux, Rodney Graham consent à livrer, *tableaux* après *tableaux*, prestations après prestations, des parcelles de « chronique personnelle » et des morceaux de bravoure où l'autoreprésentation ne craint nullement l'autodérision — ni la transgression. Il y a dans la rigueur et la culture de Graham une curiosité intellectuelle qui lui impose la nécessité d'appréhender les fondements structuraux de la psyché et exige une maîtrise des moyens qui permettent l'exécution de variations magistrales et lyriques sur le thème si exigeant de l'homme de la Renaissance.

1 «Comme je l'ai expliqué ailleurs, c'est une monographie sur une plante d'appartement commune, le cyclamen, qui inspire à Freud le *Rêve de la monographie botanique*. Le coup d'œil qu'il jette sur une nouveauté dans une librairie de Vienne définit le clinamen — le détournement imprévisible de l'attention — qui fait irruption dans son train-train quotidien.» Rodney Graham, «Pour situer *Vexation Island*» in *Island Thought*, Canada XLVIII Biennale di Venezia, Art Gallery of York University, 1997, p. 122–123.

Texte original, *eod. op.*, p. 15 : «As I have made clear elsewhere, it was a monograph on the common house plant cyclamen that set in motion Freud's *Dream of the Botanical Monograph*. Freud's glimpse of the recent publication in a Vienna bookstore defined the clinamen—the unpredictable veering away of attention—that interposed itself into Freud's daily routine.»

«He (Freud) is at once reminded that the cyclamen is his wife's favourite flower and he reproaches himself for so often neglecting to bring her these flowers she loves. [...] That night he dreams of a book. It was written by himself and again it is a monograph, though this time on a unspecified genus of plant. [...] *He is turning over the pages of the book, looking at a folded coloured plate. A dried specimen of the plant is pressed between the pages.* Such is the simple—one could almost say impoverished—substance of Freud's so-called "Dream of the Botanical Monograph."» Rodney Graham, «Freud's Clinamen», in *Rodney Graham*, Vancouver Art Gallery, 1988, p. 60.

2 En 1999, Rodney Graham présente à la Kunsthalle de Vienne l'installation *I'm a Noise Man*, titre littéralement traduit ainsi «Je suis un homme qui fait du bruit». Il s'agit d'un environnement, un «listening lounge» où le visiteur peut écouter confortablement des enregistrements de musique pop de Graham et de son *band* sur un cd regroupant 14 chansons.

Il y expose également *The King's Part* (1999), une installation aux dimensions imposantes comprenant une chambre sans réverbération et un dispositif sonore diffusant un concerto pour flûte composé par Frédéric le Grand, avec ceci de particulier que la captation diffusée est une prestation où seuls les bruits de clés sont audibles et non pas la mélodie. *Rodney Graham Cinema Music Video*, Yves Gevaert Verlag, Bruxelles et Kunsthalle Wien, 1999.

3 «Quelques œuvres avec des ondes sonores, quelques œuvres avec des ondes lumineuses et quelques autres œuvres expérimentales». [Notre traduction.] Titre d'un projet d'exposition multipartite présentée au Kunstverein de Munich et au Westfälischer Kunstverein de Münster en 2000 dans le cadre du séjour de l'artiste en Allemagne sous les auspices de DAAD en 2000–2001.

4 «Pendant que je chante, mon cheval broute sur le bord de la rivière. C'est vraiment une très belle rivière, la Similkameen en Colombie-Britannique.» [Notre traduction.] «While I'm singing, my horse is just grazing by the river. It's a very beautiful river, the Similkameen river in British Columbia.» Extrait d'un entretien avec Ulrike Groos à Munich en juin 2000, in *Retake*, NAK Neuer Aachener Kunstverein et Revolver, Francfort, 2001, p.88.

5 Extrait de *How I Became a Ramblin' Man* (1999), paroles et musique de Rodney Graham :

> «J'ai suivi ce vieux copain / À travers les canyons de mon temps perdu / Je serai un vagabond jusqu'au jour où je mourrai… / Mon père m'a déjà dit / Que les hommes ne peuvent pas supporter la vue d'un homme solitaire / Je te dirai comment je suis devenu un homme errant…» [Notre traduction.]

Rodney Graham, *Getting It Together in the Country,* disque vinyle et catalogue sous forme de livret, Kunsverein München, Westfälischer Kunstverein Münster, Berliner Kunstlerprogramm/DAAD, Oktagon Verlag Köln, 2000.

6 Notes de l'artiste dans le communiqué de la Donald Young Gallery à Chicago au moment de la présentation de l'installation du 15 avril au 21 mai 2005.

7 Notes de l'artiste. [Notre traduction.]

8 Voir le communiqué de la Lisson Gallery, Londres, au moment de l'exposition *Rodney Graham: A glass of beer and other works*, tenue du 19 octobre au 23 novembre 2005.

9 Propos de Rodney Graham (1998) publiés dans *Retake*, *op. cit.* n. 4 ci-dessus, p. 93. «… the nearest faraway place…» est également le titre de l'exposition en duo *Rodney Graham and Bruce Neuman,* au Dia Center for the Arts à New York, en 2000.

10 «Cobain hated Aberdeen creatively, the way Freud hated Vienna.» *Ibid.* [Notre traduction.]

11 «I was not surprised to find the place quite picturesque and beautiful.» *Ibid.* [Notre traduction.] Rodney Graham réalise *Aberdeen* en 2002.

12 C'est l'artiste qui souligne.

13 Notes de l'artiste.

14 «*Halcion Sleep* est une performance lors de laquelle j'ai pris une double dose de Halcion dans un motel aux abords de Vancouver. Quelques heures plus tard, mon frère et un ami m'ont transporté endormi, placé à l'arrière d'une fourgonnette, reconduit à la maison et déposé dans mon lit. […] Ce fut aussi la répétition du souvenir d'enfance, réel dans mon cas, et partagé je crois par plusieurs personnes, de s'endormir à l'arrière de la voiture lors d'un voyage et d'être ensuite transporté dans son lit par ses parents pendant que l'on dort. En tout cas, ce fut la première performance où je me servis de moi-même, et c'est de moi-même qu'il y fut question. C'était une expérience et elle a réussi car elle m'a suggéré d'autres avenues de performances où je me mettais en scène.»

«*Halcion Sleep* was a performance in which I took a double dose of Halcion in a motel on the outskirts of Vancouver and had my sleeping self removed several hours later, placed in the back of a van and driven home and put to bed by my brother and friend. […] It was also a re-enactment of a childhood memory, a real one in my case, and one that I think a lot of people share of falling asleep in the back of a car while on a journey, and then being carried to bed by your parents while you are sleeping. In any case that was the first performance where I used myself, and was ultimately about myself. It was an experiment and it was successful in the sense that it opened up subsequent avenues for performances using myself. »

«A Little Thought – Rodney Graham and Matthew Higgs in conversation», in *Rodney Graham*, Whitechapel Art Gallery, Londres 2002, p. 77-78. [Notre traduction.]

15 Dans le film *Vexation Island*, Rodney Graham incarne un Robinson Crusoé perdu (abandonné) sur une île déserte et endormi (inconscient) sous un palmier. Il s'éveille assoiffé, secoue le palmier pour libérer une noix de coco dont il convoite le lait et se voit plutôt assommé par cette dernière. Projeté en boucle, le scénario se répète sans fin : sommeil, réveil, choc, perte de conscience…

16 « My approach is one of an ironic "historical re-enactment" in which I am a performer. » Notes de l'artiste. [Notre traduction.]

17 « Perhaps I am being "called" to the vocation of rock by a passing group of Sabbath lookalikes… and I liked the implication of the title 'Awakening' in the context of the heavy crosses which Ozzy and Tony Iommi wear around their neck: born again rockers… » [Notre traduction.]

18 Notes de l'artiste.

19 *Ibid.*

20 *Ibid.*

Œuvres

How I Became a Ramblin' Man
1999

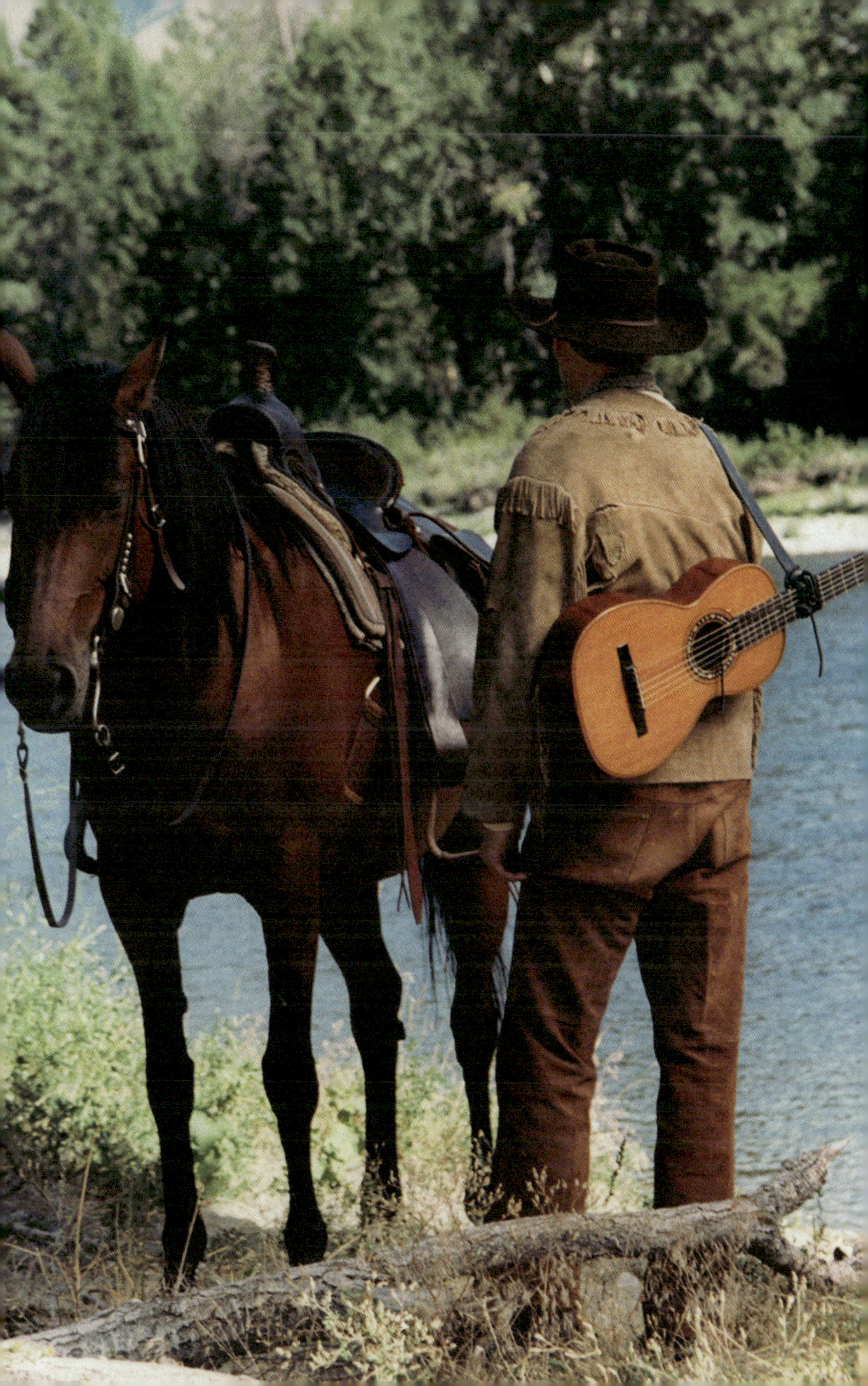

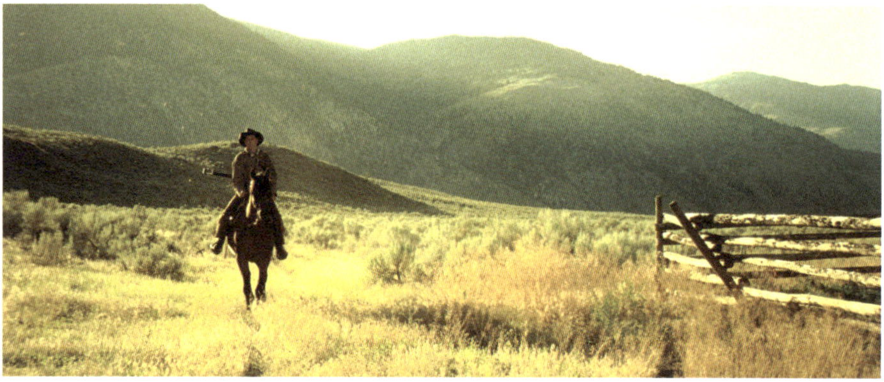

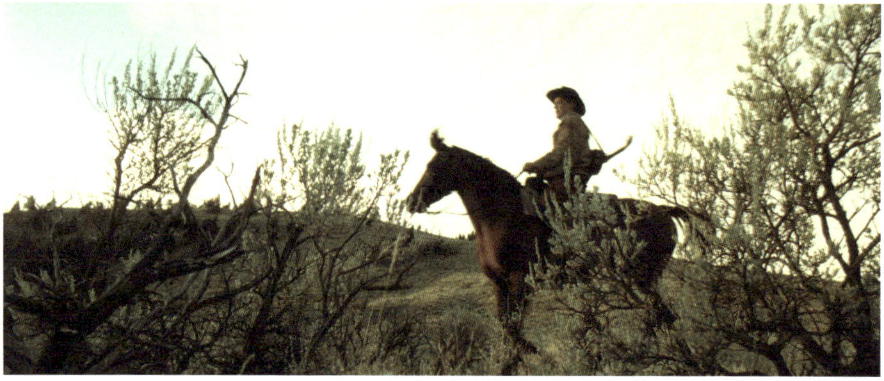

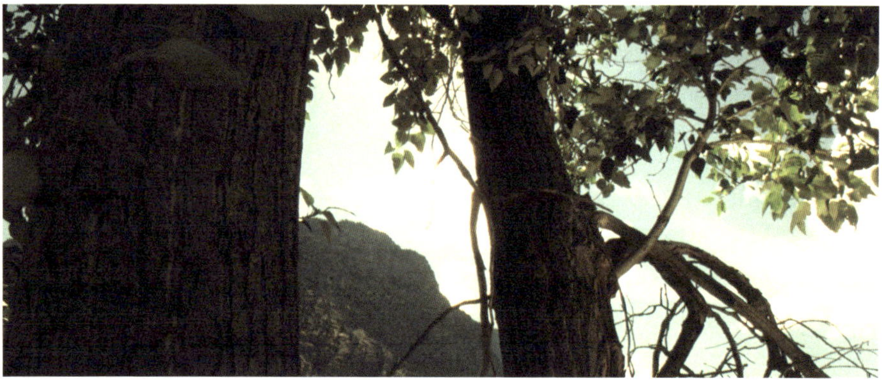

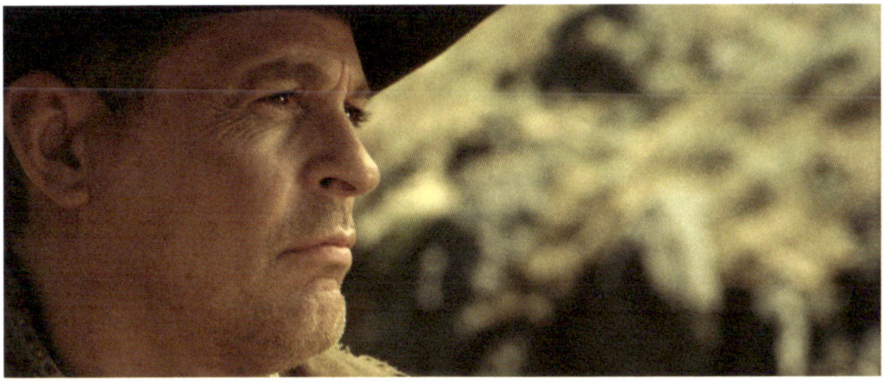

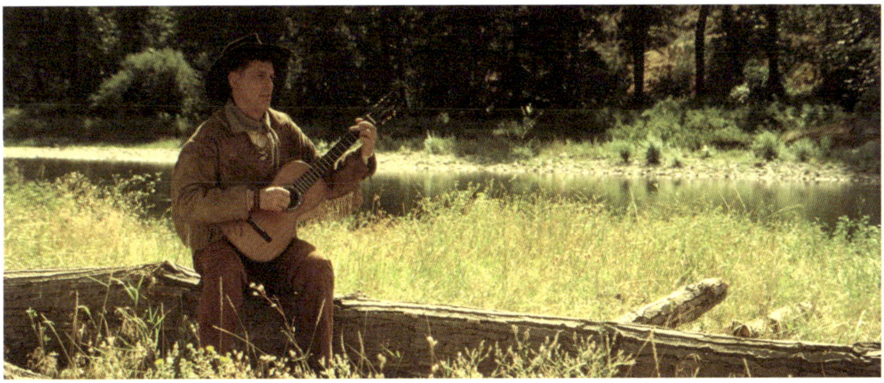

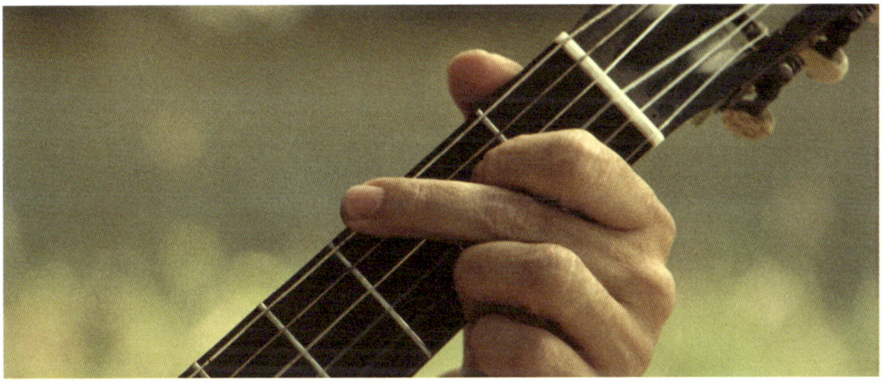

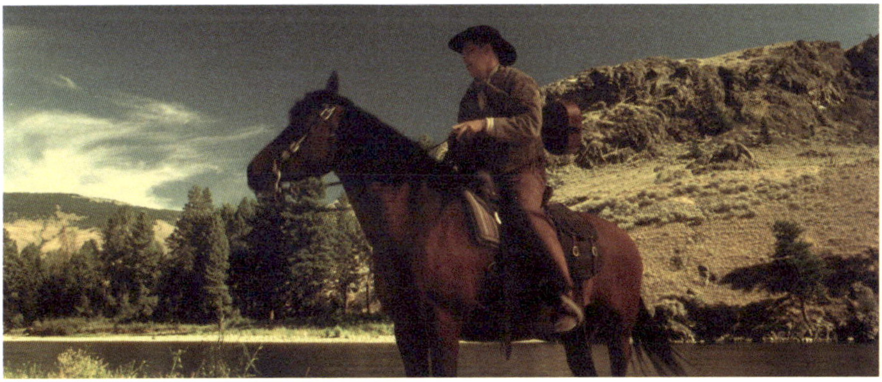

Loudhailer
2003

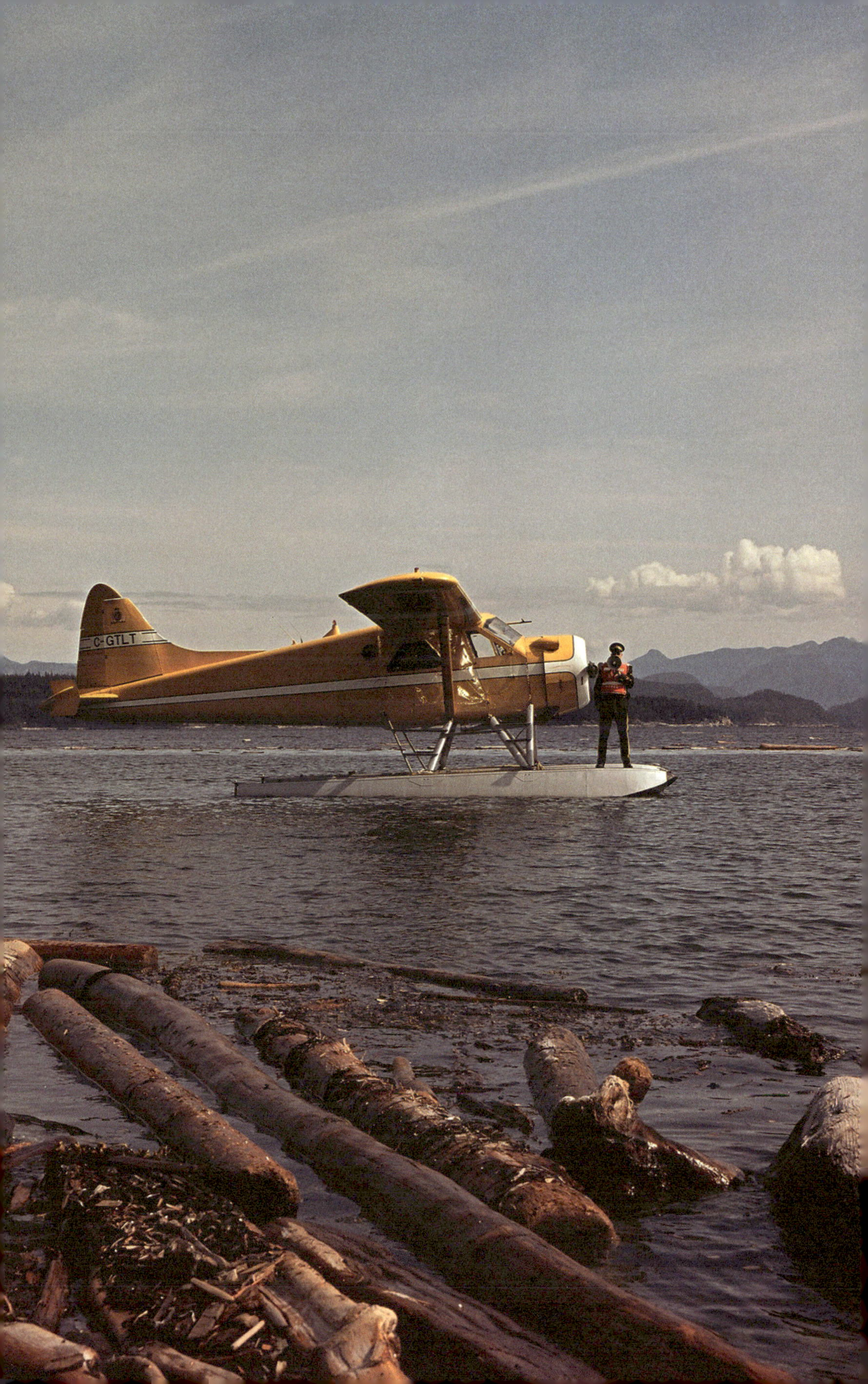
C-GTLT

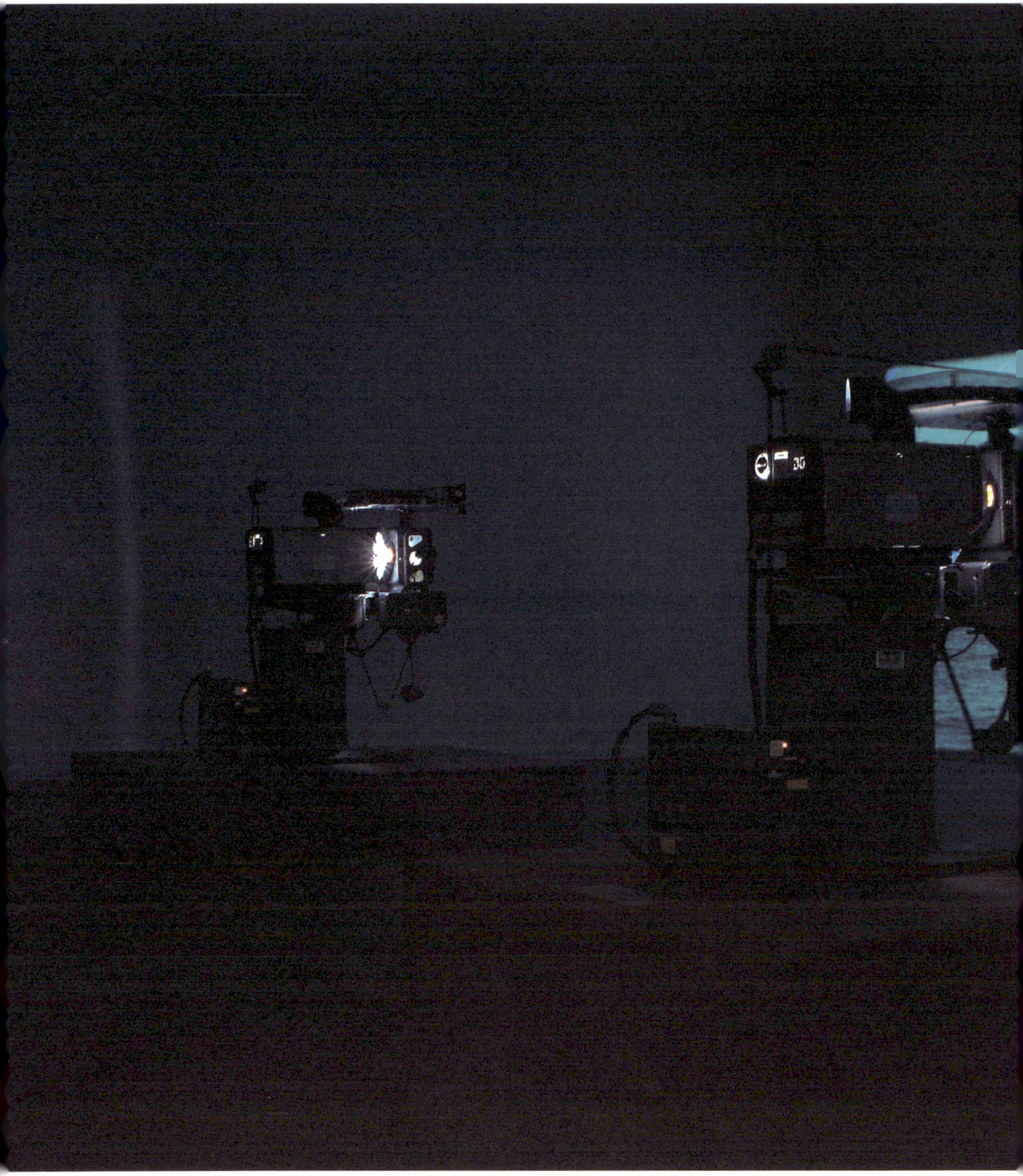

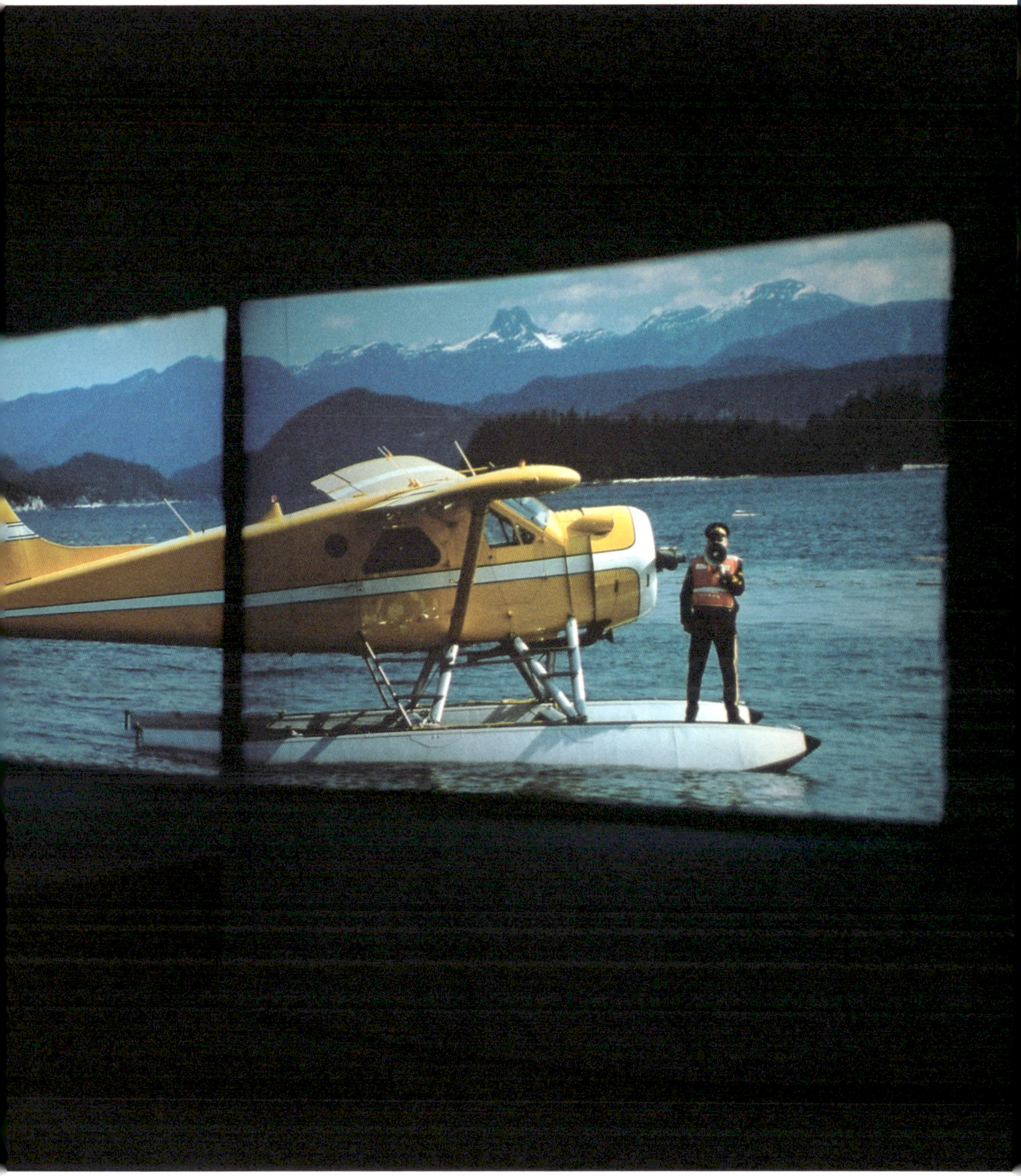

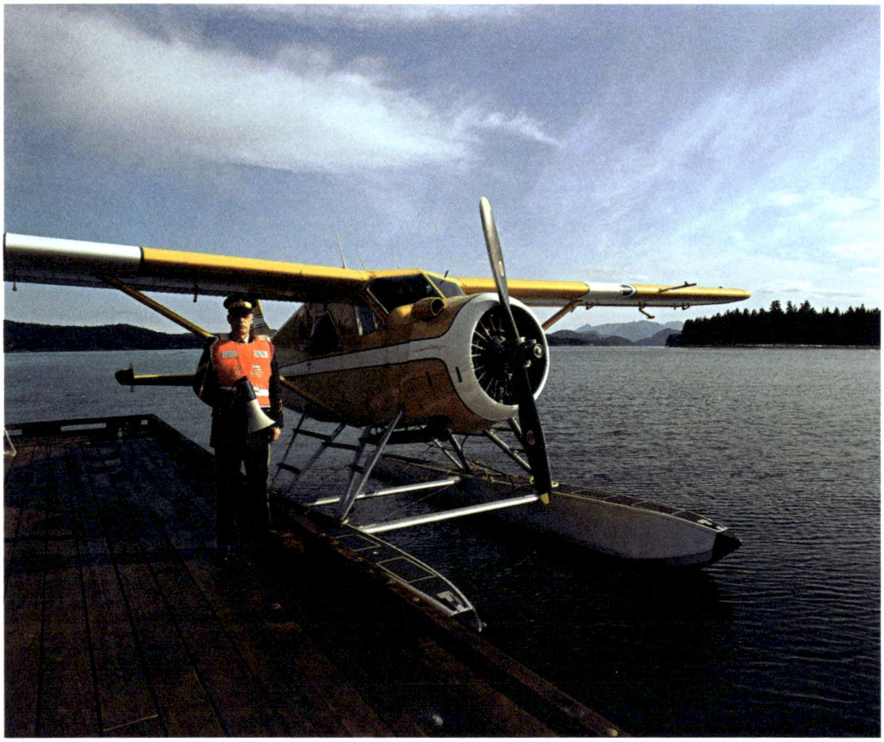

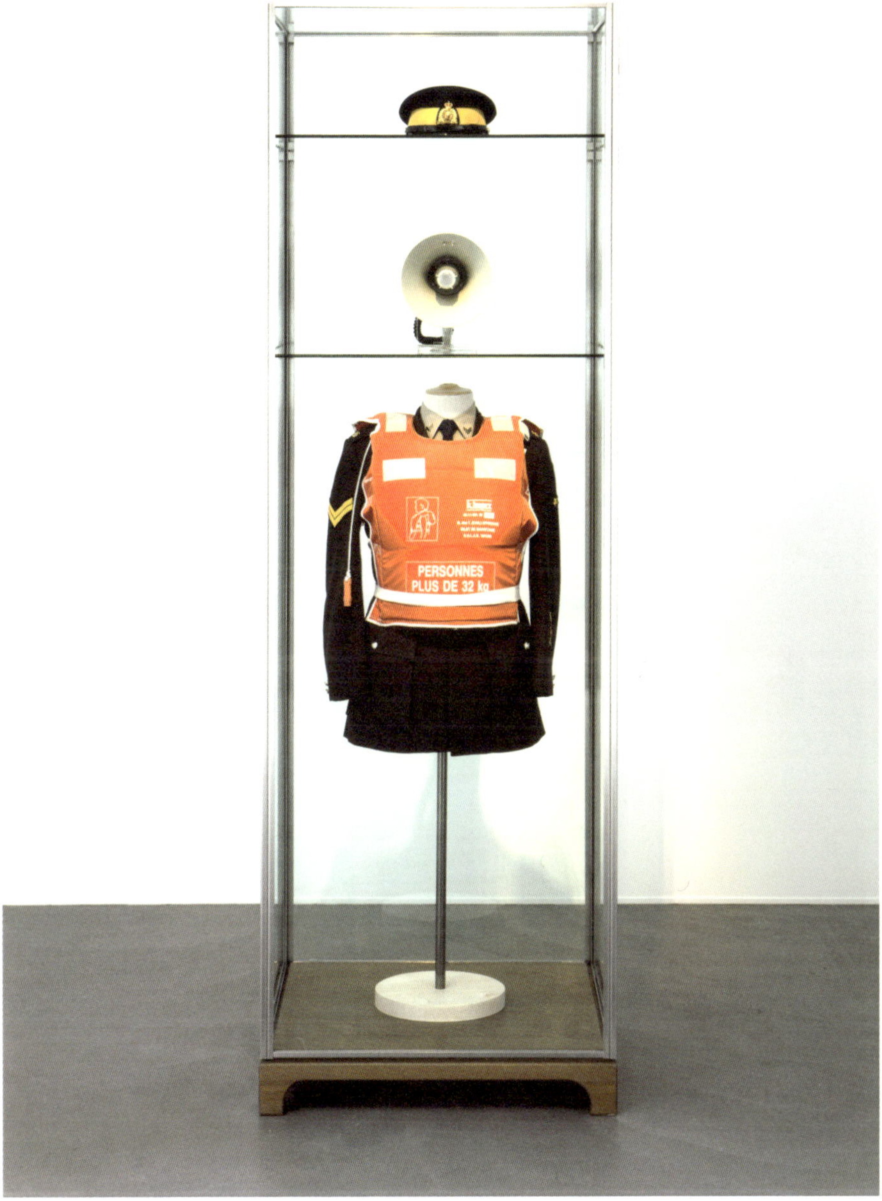
PERSONNES
PLUS DE 32 kg

Torqued Chandelier Release
2005

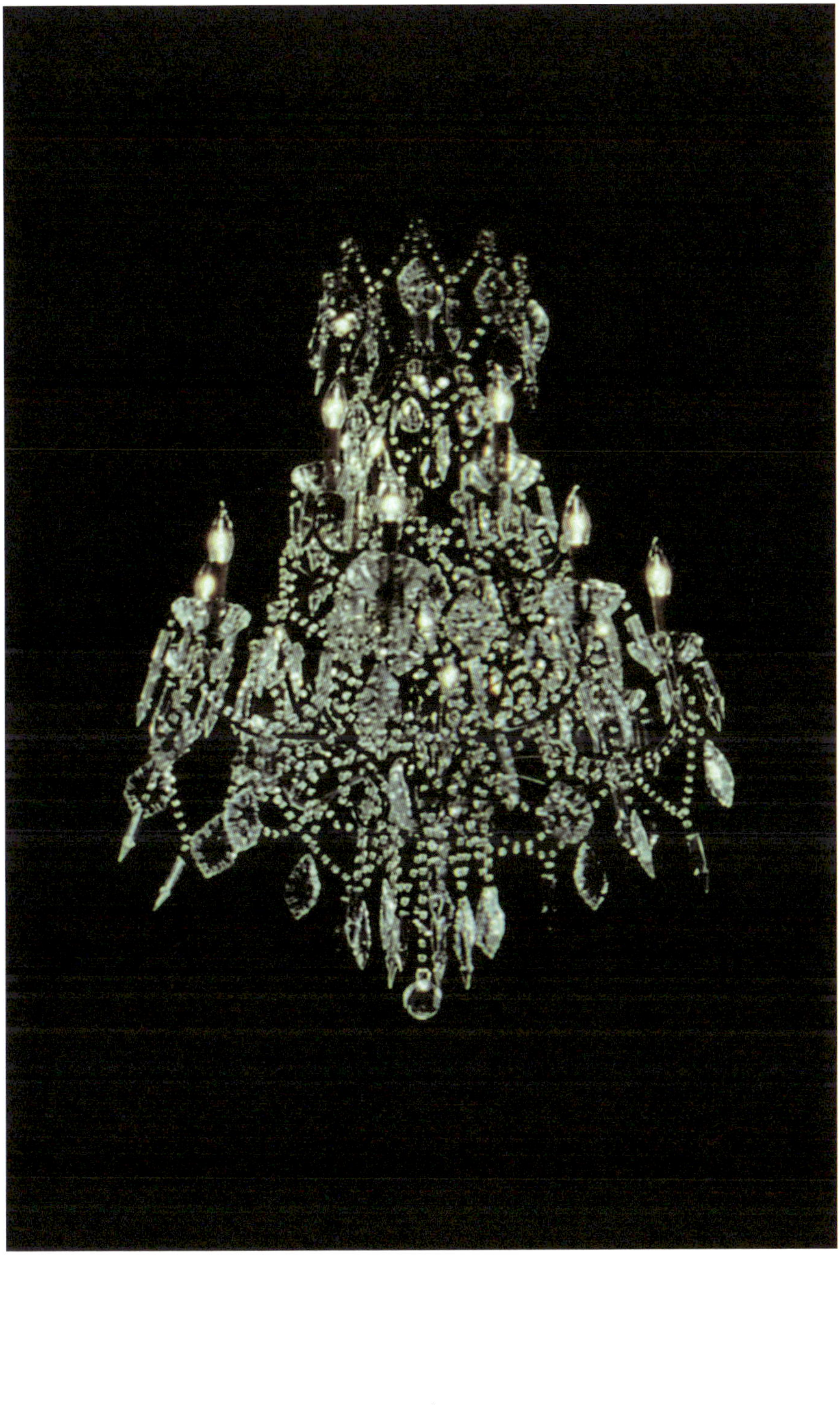

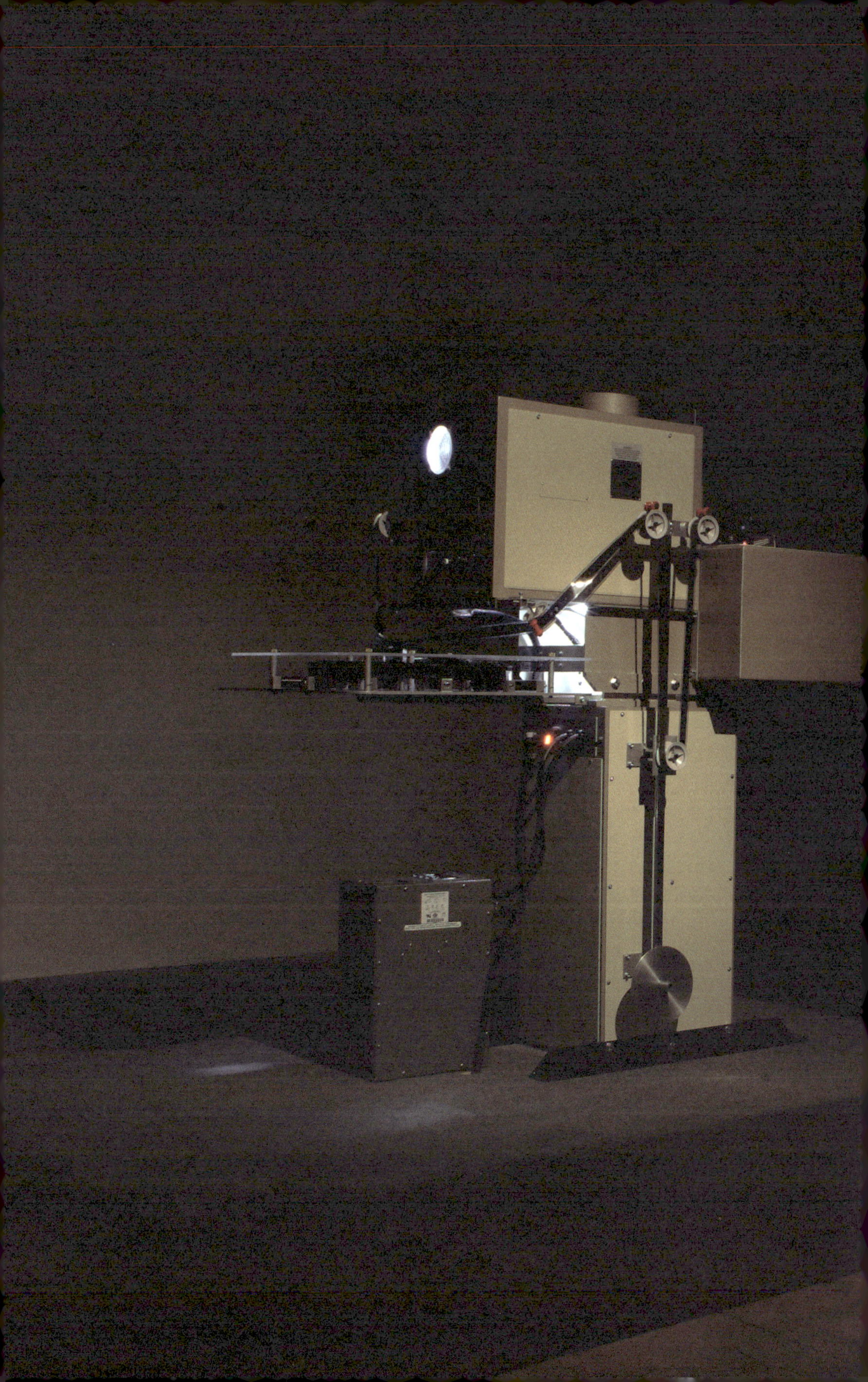

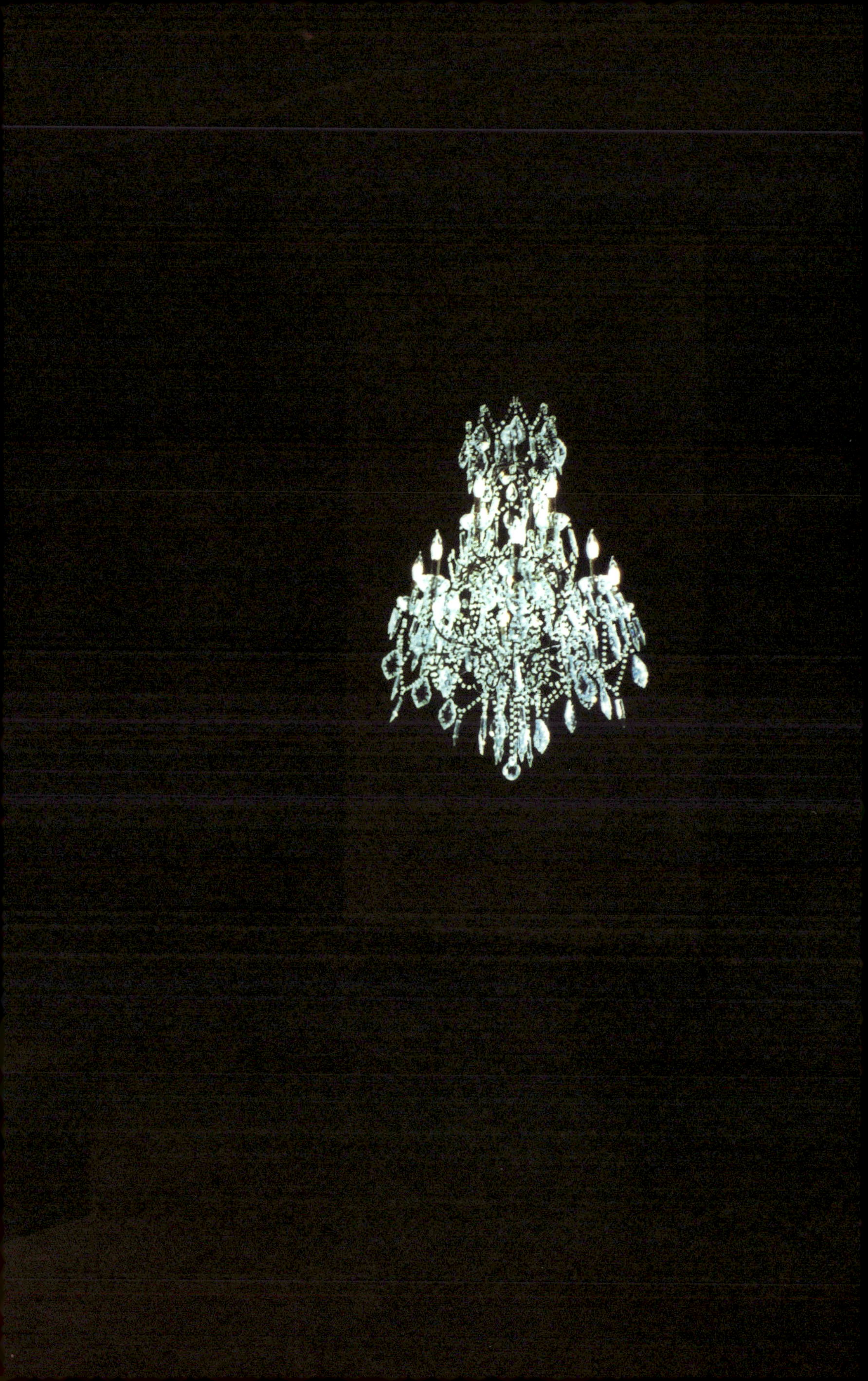

Allegory of Folly: Study for an Equestrian Monument in the Form of a Wind Vane
2005

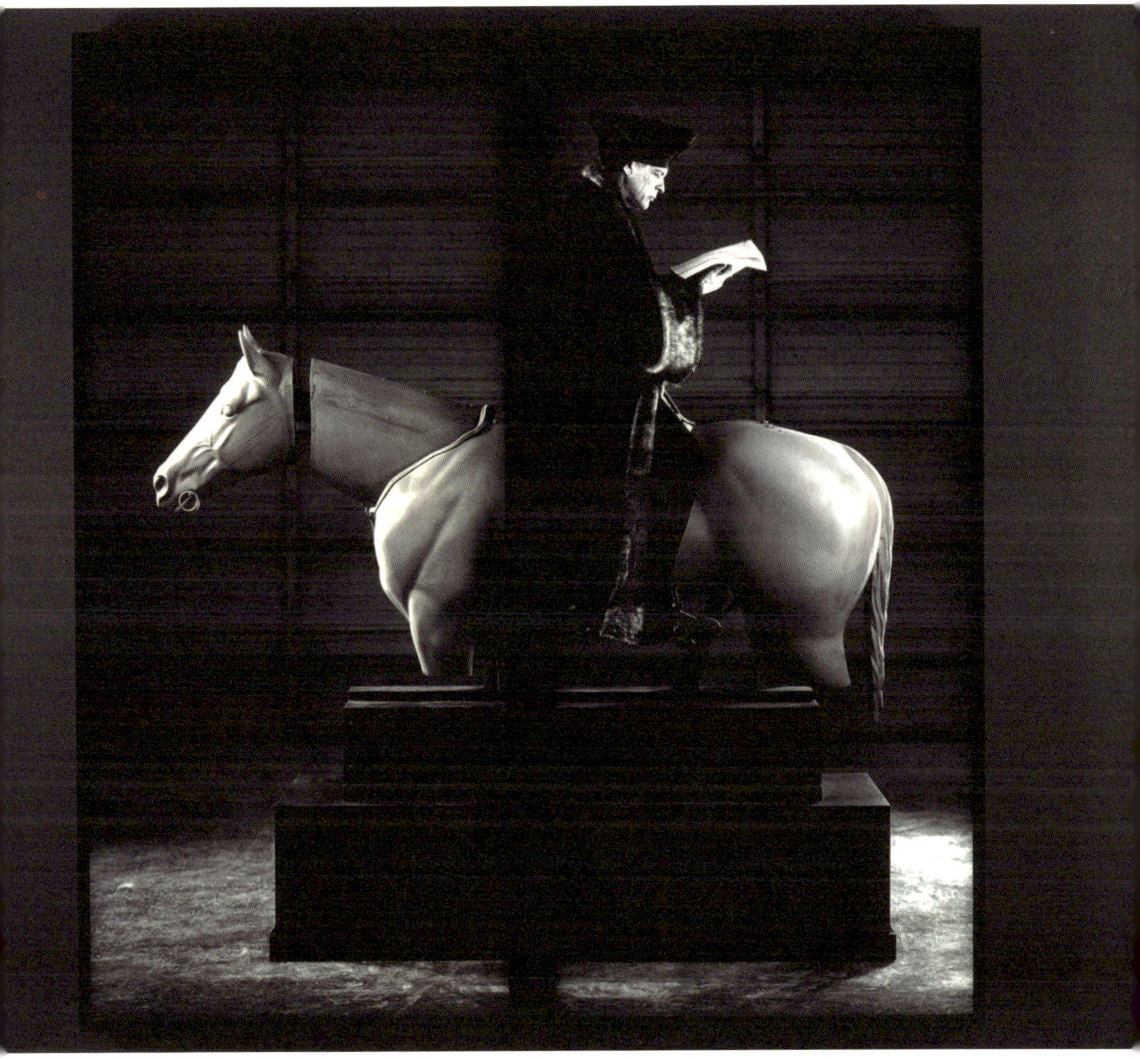

Screen Door
2005

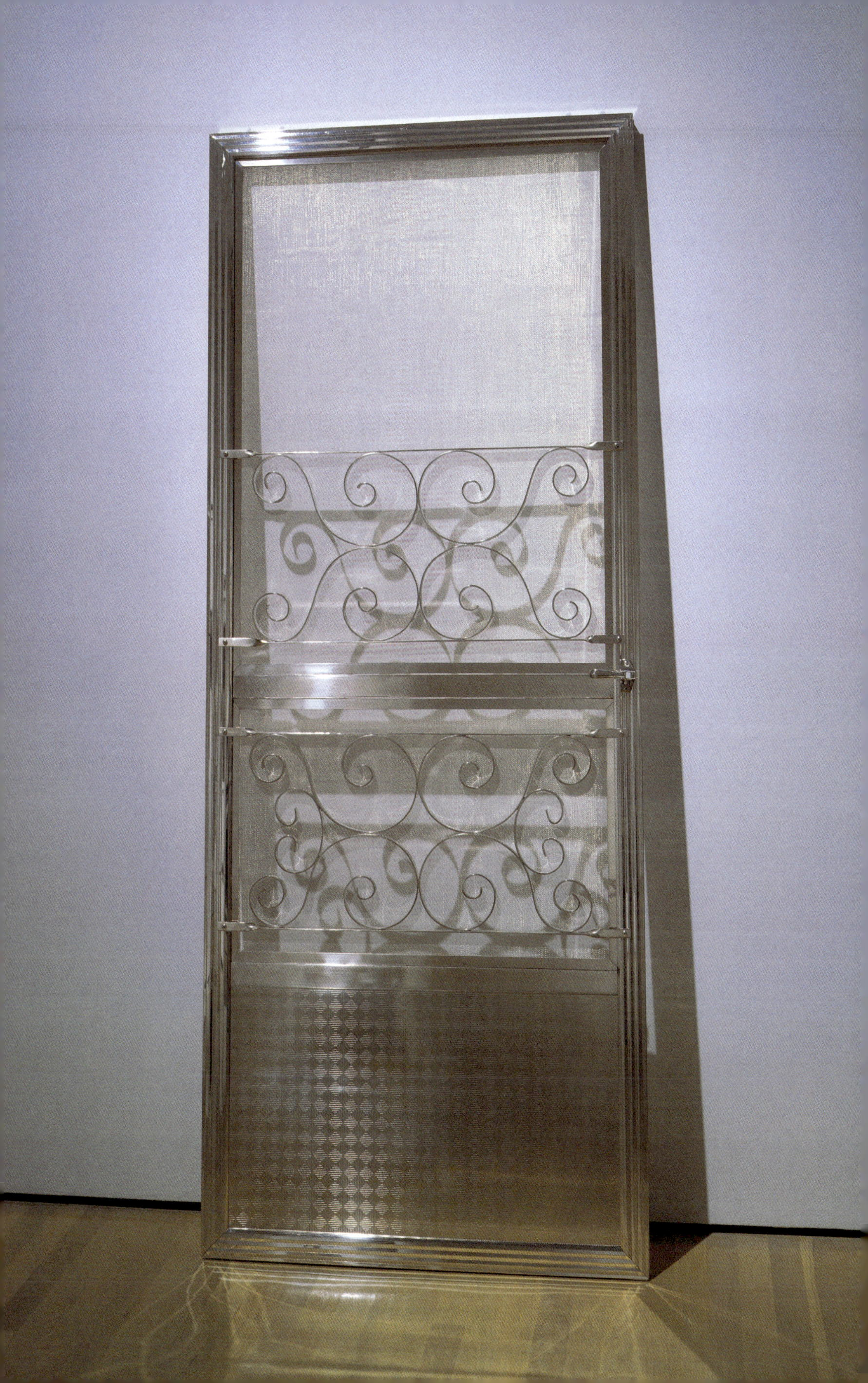

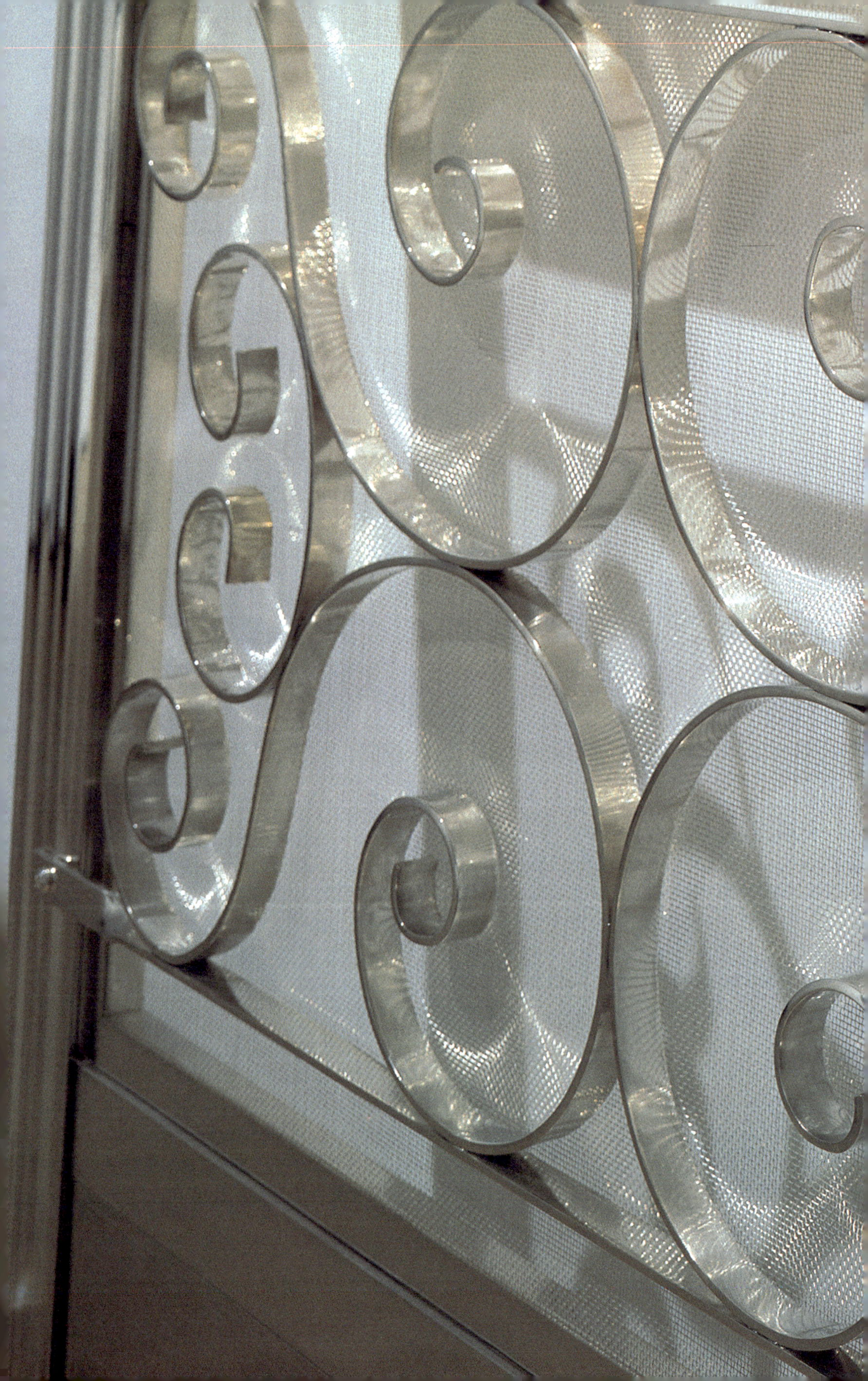

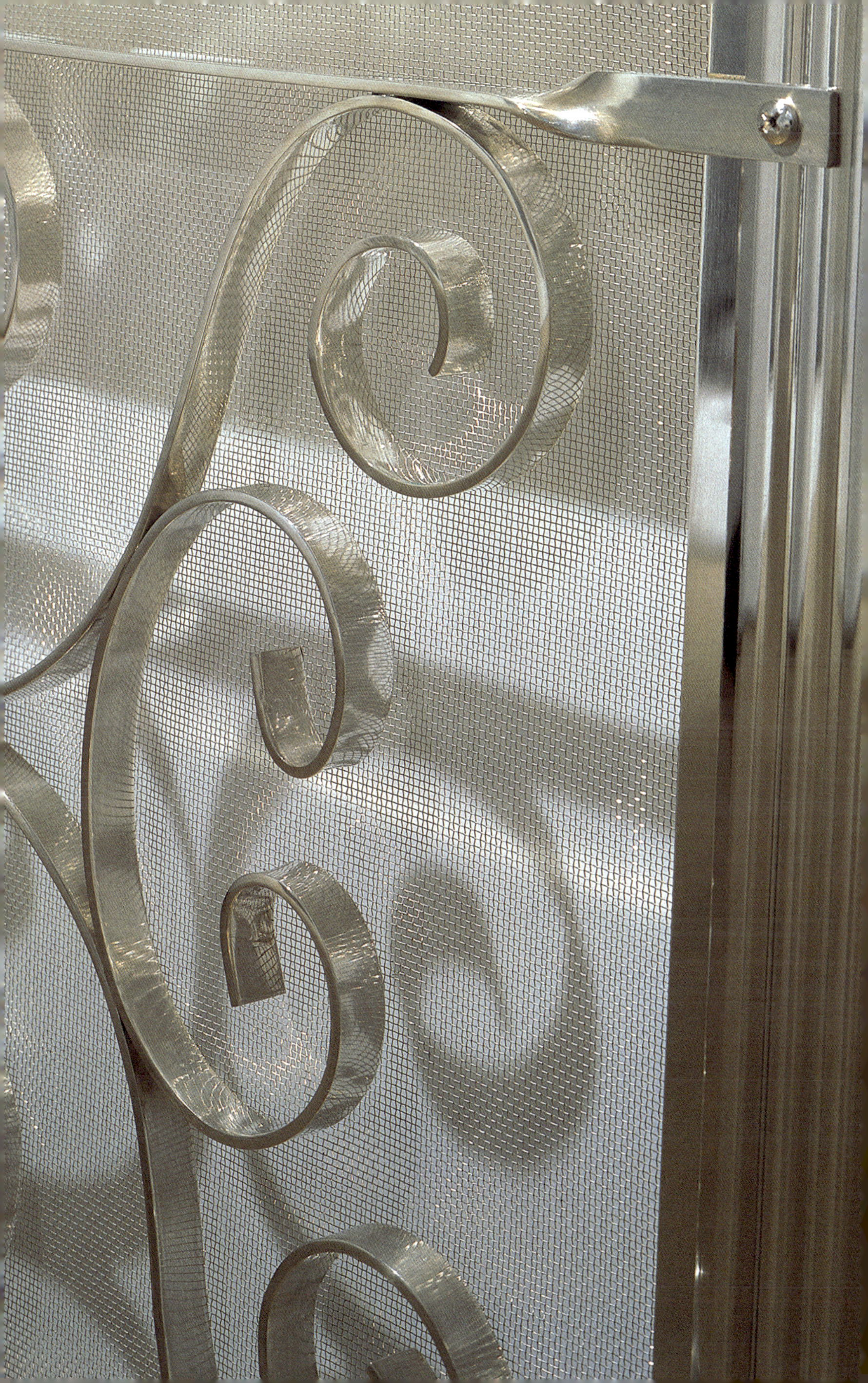

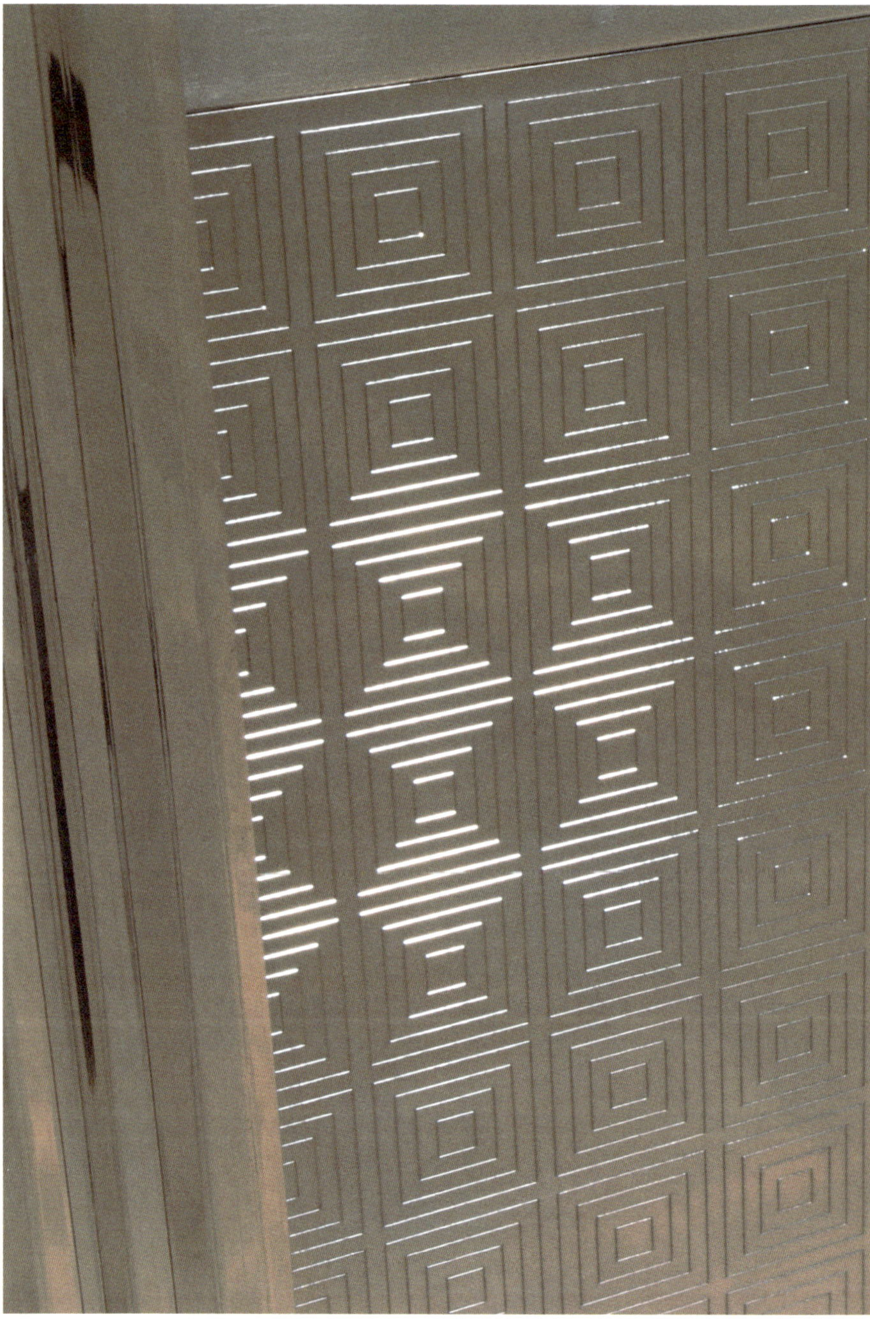

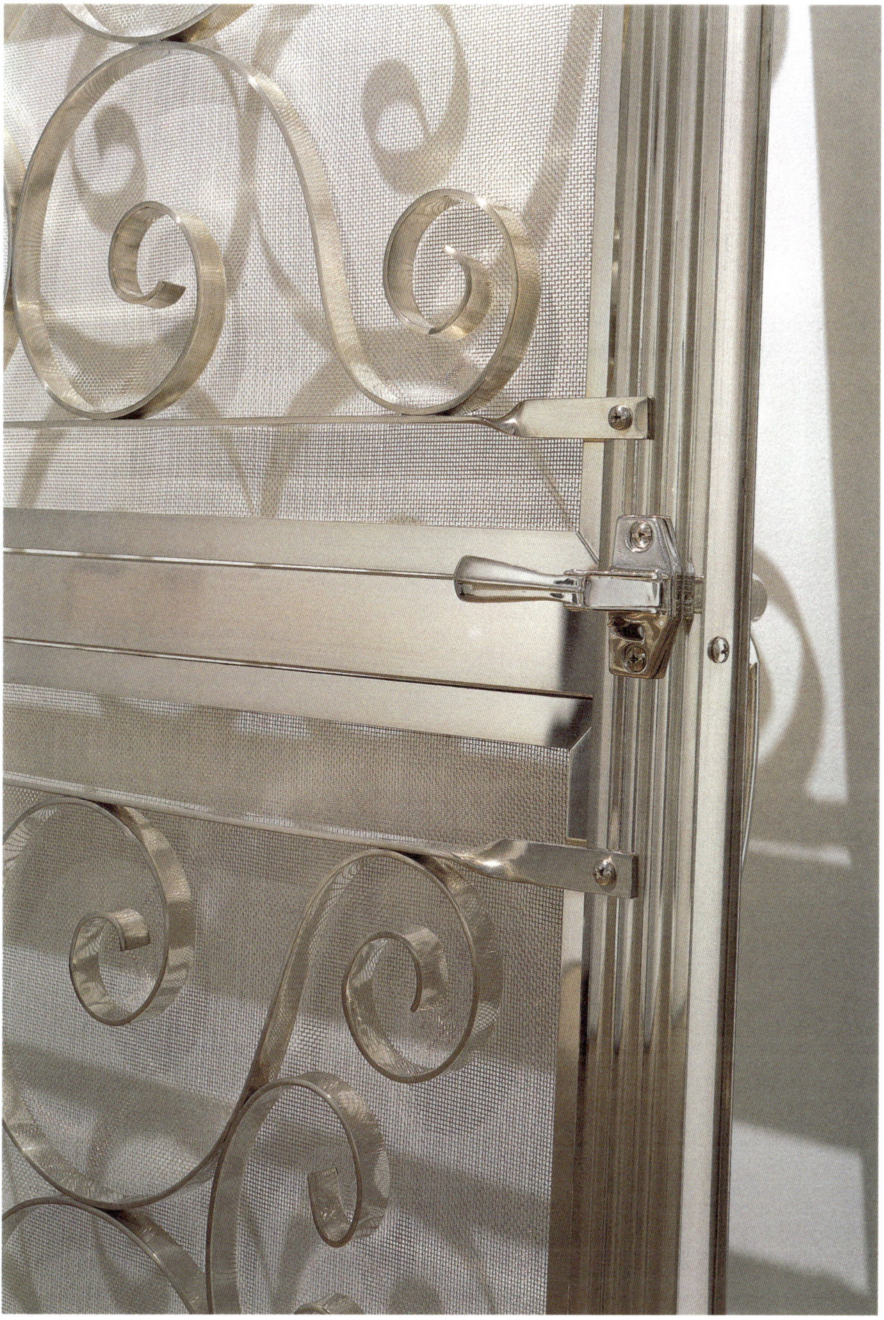

A Glass of Beer
2005

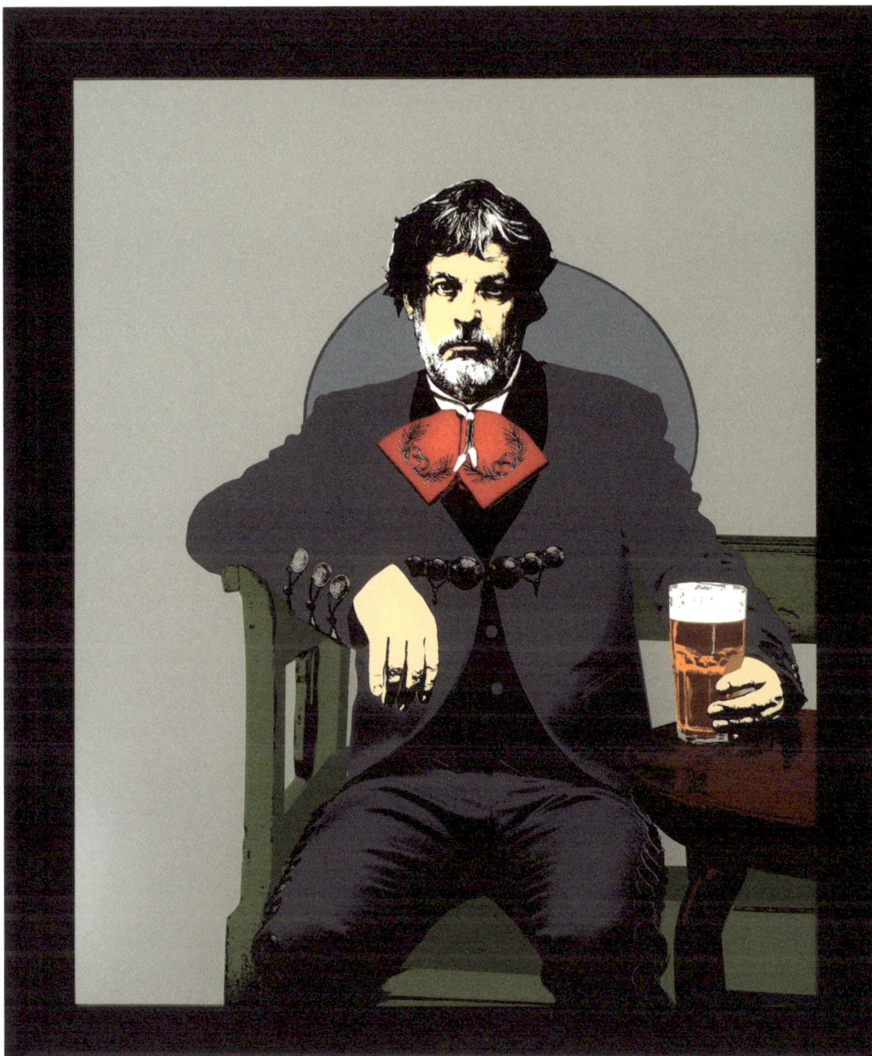

Image double faite à partir d'une photo publicitaire du groupe Black Sabbath, datant de 1970-1971. La prise originale, réalisée par le photographe rock Chris Walter, montre le groupe sur une allée, dans un parc, se tenant autour d'une figure étendue sur un banc (un vieillard, peut-être un clochard). Ozzy Osbourne le montre du doigt dans un geste railleur, alors que les autres membres du groupe regardent en direction de l'appareil photo en riant. J'ai reconstruit la photo avec des acteurs, jouant moi-même le rôle de l'homme étendu. L'image a été inversée de gauche à droite et a été divisée pour composer un diptyque. La version « négative » de l'œuvre (qui évoque l'utilisation de clichés négatifs sur les couvertures d'albums *heavy metal*) remet l'image dans l'orientation gauche/droite de la photographie originale de Chris Walter.

RODNEY GRAHAM

Awakening
2006
Photographies de production

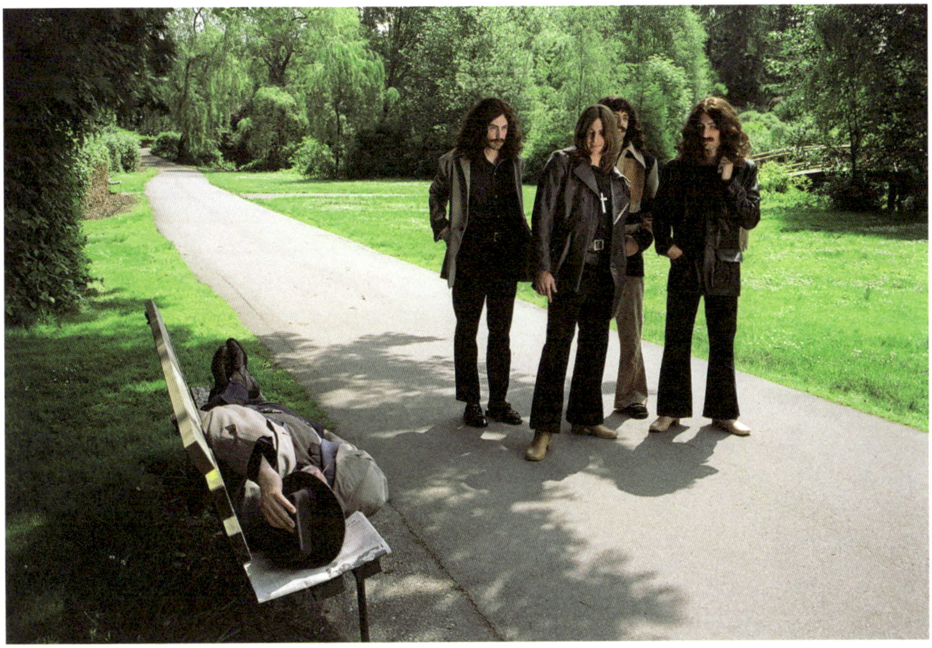

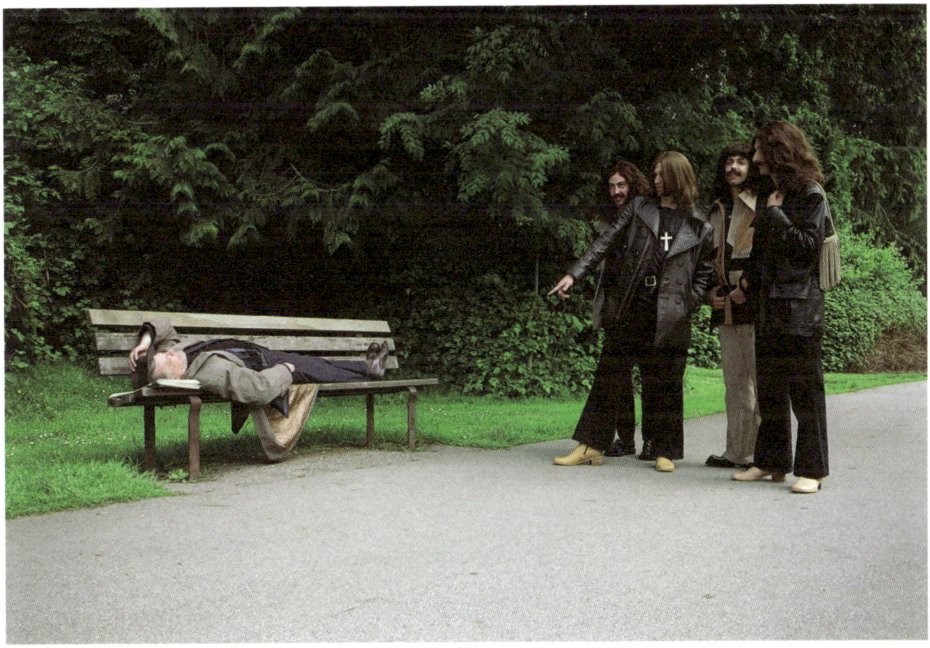

L'œuvre s'inspire d'un enregistrement des années 1970, par le David Munrow Consort, d'une pièce à consonance atonale, connue pour sa « modernité », de Matteo da Perugia, compositeur italien de la fin du XIVe siècle. Je me suis intéressé à la fascination qui animait les mordus de musique ancienne, comme David Munrow et Christopher Hogwood, et qui les poussait à reconstituer ces œuvres historiques. Mon intention était de réaliser un film portant sur un concert de ce genre, qui se serait déroulé dans les années 1970 (véritable âge d'or du renouveau de la musique ancienne), mais j'ai finalement opté pour une image fixe de façon à pouvoir m'y inclure en tant qu'« interprète ». Je voulais suggérer deux passés : la fin du XIVe siècle, telle qu'interprétée à la fin des années 1970 par un groupe qui s'était plongé dans la culture d'autrefois à un point tel que ses membres avaient choisi un costume évoquant un peu (dans une confection maison) l'esprit de la période médiévale tardive.

RODNEY GRAHAM

Three Musicians (Members of the Early Music Group "Renaissance Fare" Performing Matteo of Perugia's "Le Greygnour Bien" at the Unitarian Church of Vancouver, Late September 1977)
2006
Photographies de production

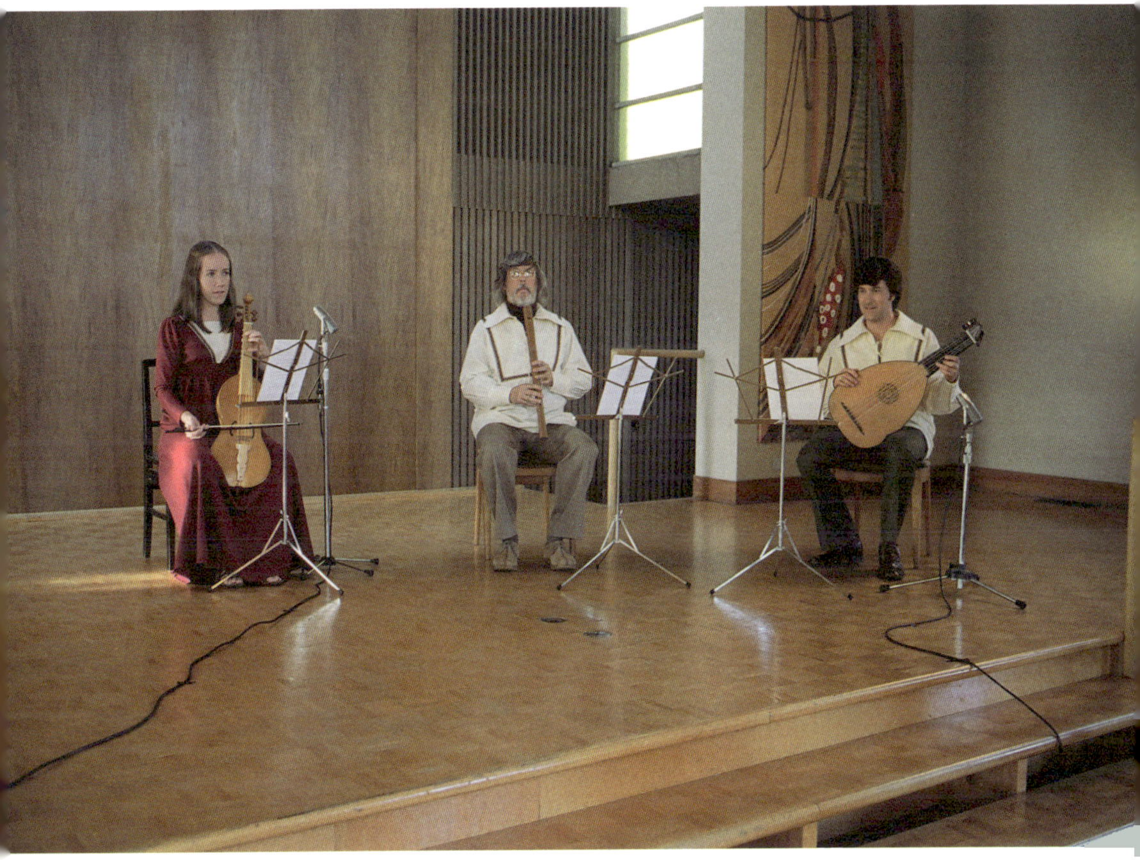

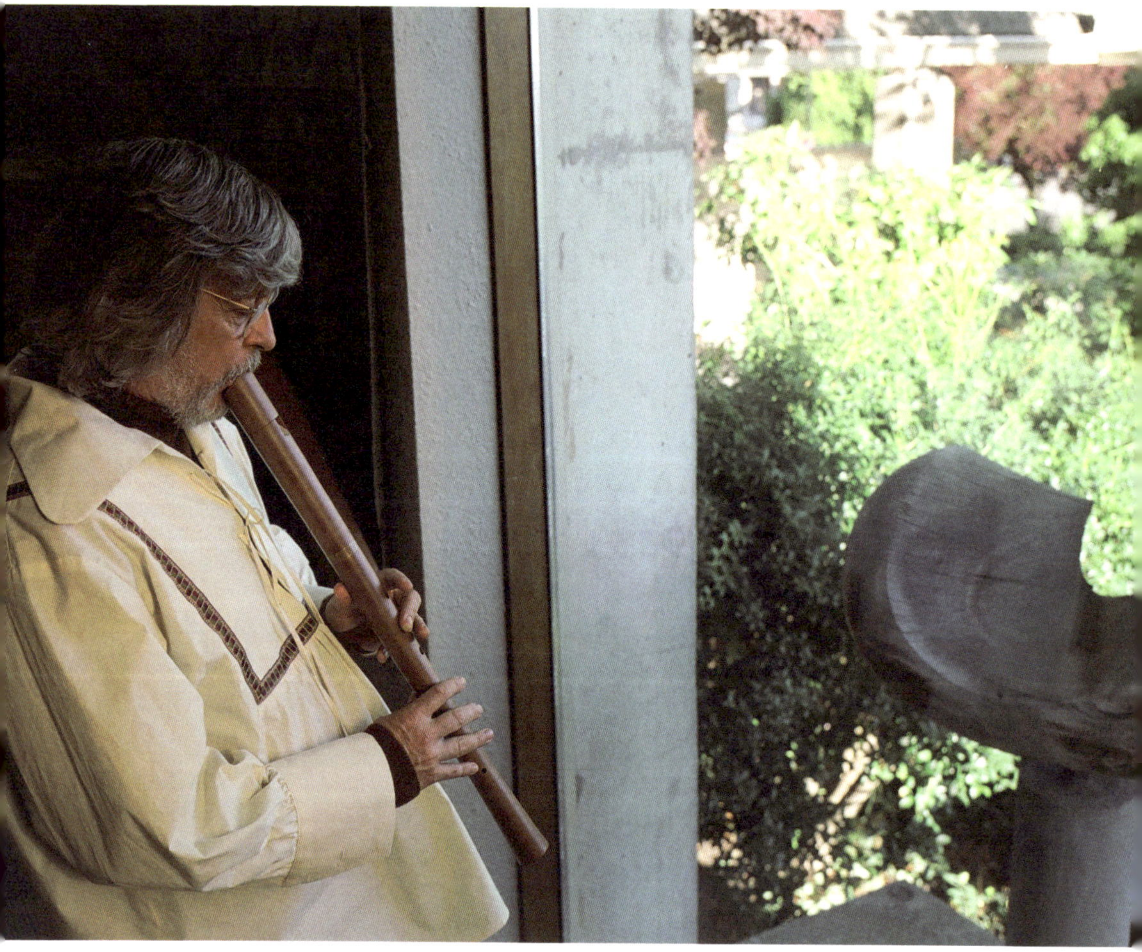

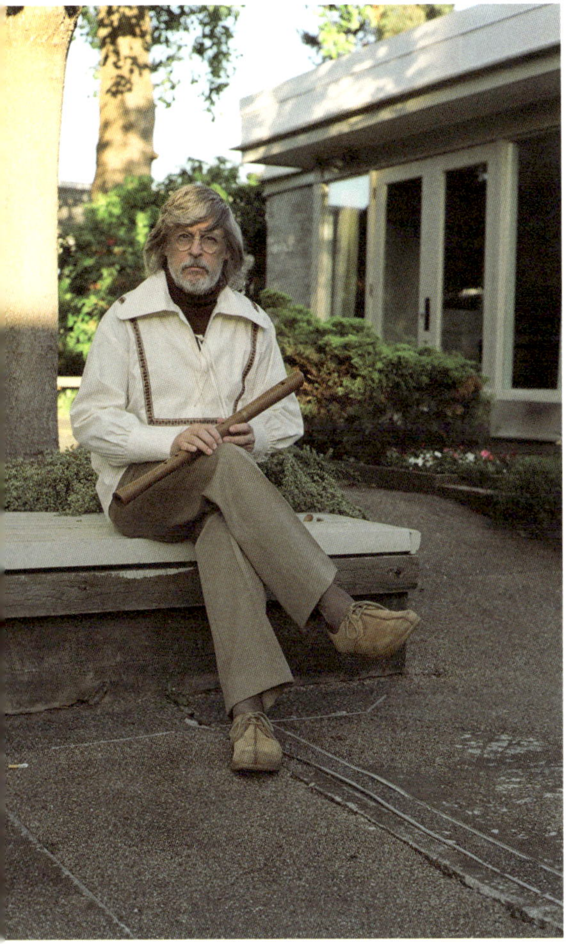

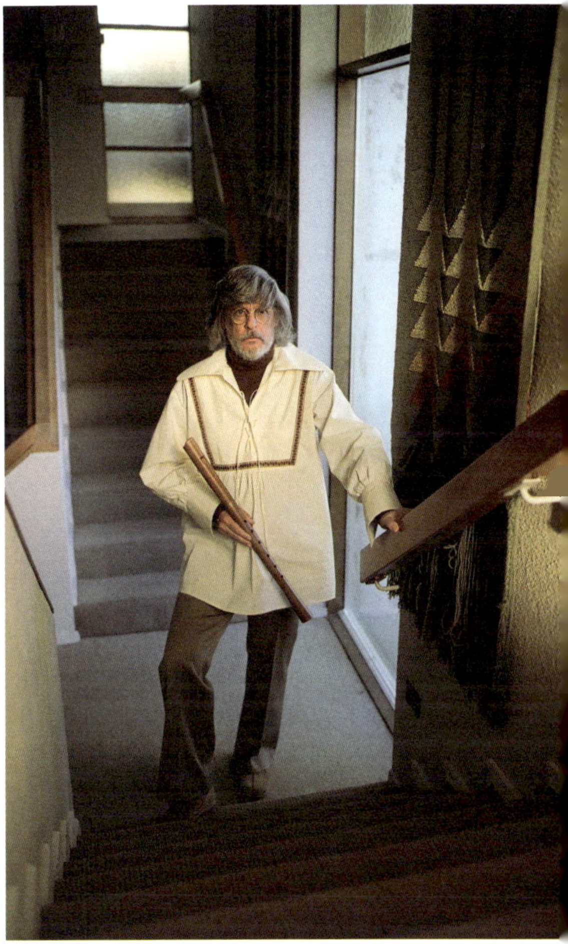

L'œuvre comprend une boucle de film de 10 à 15 minutes qui documente une action fictive de type Fluxus, se déroulant en 1969 et dans laquelle je lance des pommes de terre vers un gong devant un public réuni dans un espace de performance « alternatif » (cf. les photographies). L'action est saisie en une seule longue prise, et elle est enregistrée en stéréo. L'œuvre doit être projetée du plancher au plafond (dimensions de l'écran : 3 x 5 m) dans une pièce spécialement construite. Toutes les pommes de terre qui avaient frappé le gong ont fermenté puis ont été distillées pour produire de la vodka dans un alambic maison. Chaque exemplaire du film est accompagné d'une bouteille de vodka, garnie d'une étiquette composée à la main (qui reprend l'esthétique de la « poésie concrète » de l'époque) et qui doit être exposée avec l'œuvre dans une vitrine.

Une vidéo de 3 minutes (à présenter sur un moniteur) intitulée *Copper Kettle (1969)* fait également partie de l'œuvre. Il s'agit du transfert d'un film couleur tourné en super 16 mm, constitué d'un seul plan, documentant une représentation musicale donnée le même soir et durant laquelle, jouant le même personnage artistique et m'accompagnant à la guitare acoustique, je chante la vieille chanson de folklore *Copper Kettle*, une ballade sur la distillation clandestine.

RODNEY GRAHAM

Copper Kettle (Albert F. Beddoe)

Buy you a copper kettle
Buy you a copper coil
Fill with new-made corn mash
And nevermore you'll toil

You'll just lay there 'neath the juniper
While the moon is bright
Watchin' them jugs a-fillin'
In the pale moonlight

Build your fire with hickory
Hickory, ash or oak
Don't use no green or rotten wood
It'll get you by the smoke

You'll just lay there 'neath the juniper
While the moon is bright
Watchin' them jugs a-fillin'
In the pale moonlight

My daddy he made whiskey
My granddaddy made whiskey too
We ain't paid no whiskey tax
Since Seventeen Ninety-Two

We just lay there by the juniper
While the moon is bright
Watchin' them jugs a-fillin'
In the pale moonlight.

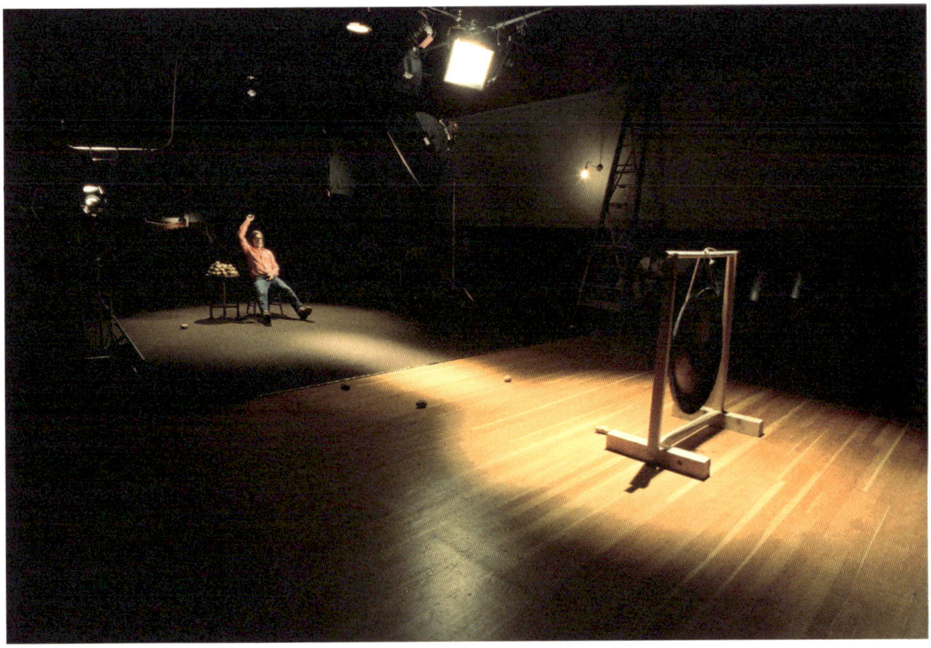

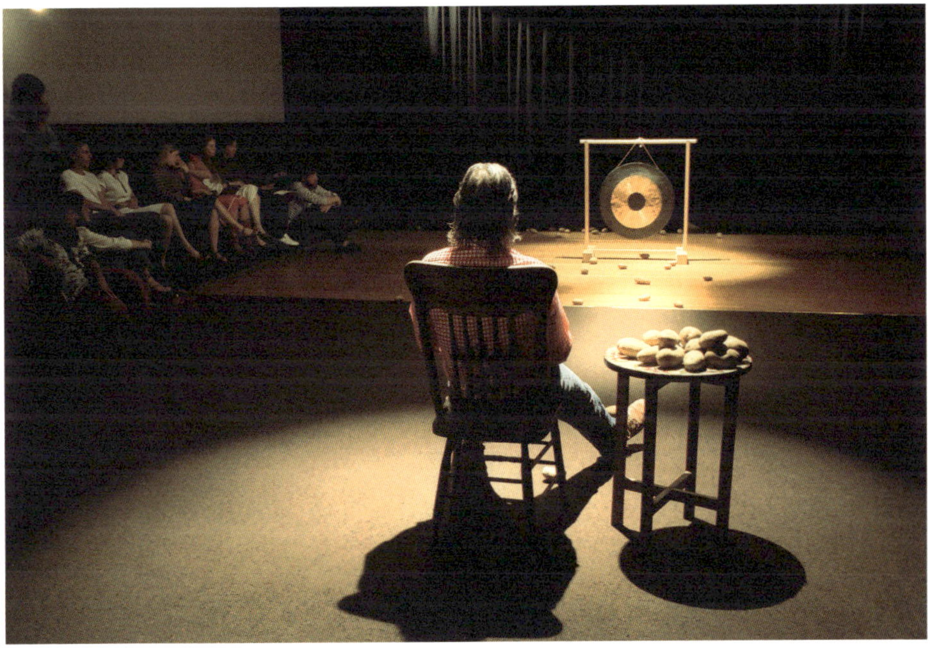

Lobbing Potatoes At A Gong (1969)
2006
Photographies de production

Une image de moi en costume de cow-boy, marchant devant un arbre sur lequel est clouée une affiche. Cet avis de recherche montre une image de moi passant devant un arbre sur lequel il y a un avis de recherche me montrant en train de passer devant un arbre sur lequel il y a un avis de recherche, et ainsi de suite, dans une série d'images gigognes. Ici, je me suis inspiré de la couverture d'un album de Marty Robbins (je crois qu'il s'agissait de *More Gunfighter Ballads*) où l'on voyait la vedette country et western accroupie au pied d'un arbre sur lequel un avis de recherche était cloué : une affiche montrant une image de son album précédent *Gunfighter Ballads*.

RODNEY GRAHAM

Paradoxical Western Scene
2006

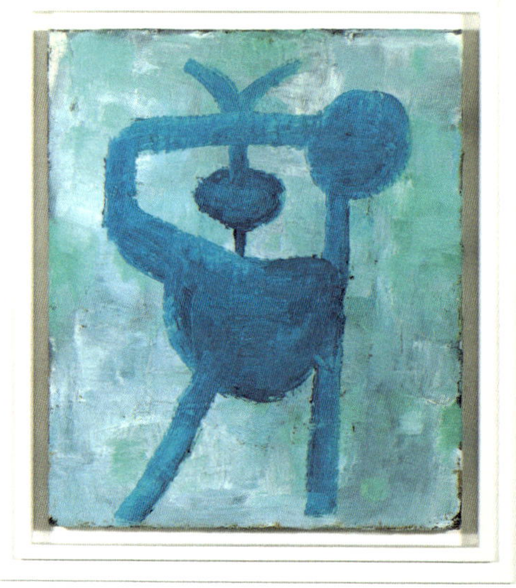

Sans titre
2006

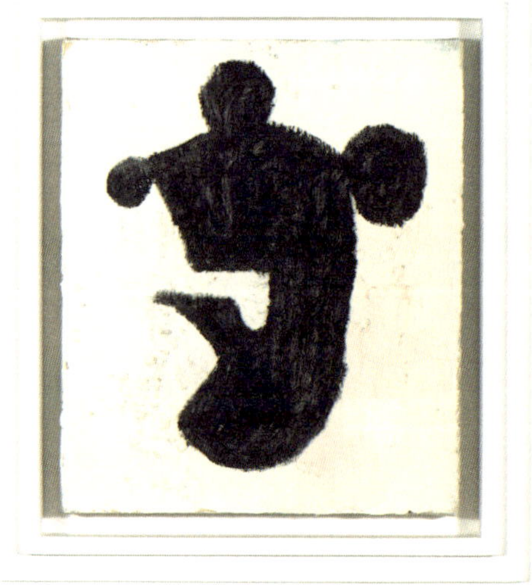

Sans titre
2006

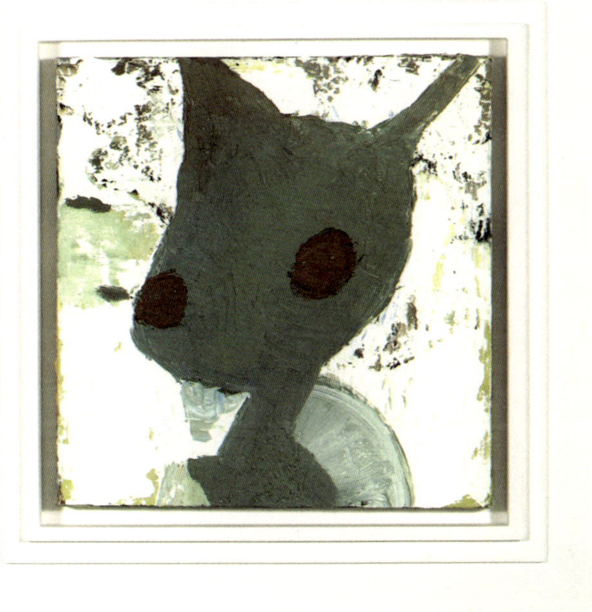

Sans titre
2006

Foreword

MARC MAYER

In many ways, Rodney Graham is the model contemporary artist. Unlike a traditional artist, he is not known for his mastery of any one medium, but rather develops his ideas using the most appropriate techniques for a given subject. There is no signature style or easily recognizable look that would identify a work by Rodney Graham and, if you know the work well, his name can conjure up sculptures, videos and photographs, just as easily as books, recordings, watercolours and collages, all forms Graham has explored. Indeed, he is a useful example to cite when describing the current state of the artistic profession, but only inasmuch as his practice helps to illustrate the difficulty we have in defining it. Even the term *visual* art is misleading in his case, as so many of his works have involved recorded sound and music. Whatever art is now, for me, Rodney Graham stands as an exemplary practitioner, though he is quite far from typical.

Intellectually omnivorous, he is versatile and pragmatic not only in his approach to craft, but also in his choice of subject matter. We can find him working comfortably within either popular or elite idioms, with modern, pre-modern or even ancient subjects. The use of quotation is perhaps the only typical feature of Graham's approach and, taken as a whole, his corpus can be read as a series of commentaries on the art and ideas that precede him. But he is more of an anti-exegete of Western culture than an explicator, as we do not necessarily come away from a Graham work with a firmer grasp of its subject. Whether he is quoting Wagner, Freud, the Brothers Grimm, Edgar Allan Poe or Elvis, the glimpse of insight is fleeting and our thoughts are ultimately led away from his putative subject. Whether we are asked to think about cowboys, pirates, gravity, light or LSD, we are not so much enlightened as we are enchanted, which is perhaps the best word to describe the experience of getting to know this relentlessly elegant work. And, like all exceptional art, Rodney Graham's enchantments are unique, dense and enduring.

We are particularly grateful to Rodney Graham for the good-natured generosity of his collaboration, which has made the production of this exhibition a joy for all of us at the Musée d'art contemporain de Montréal. Donald Young of Chicago, one of the artist's many representatives, and a good friend to this museum, has helped us immeasurably in the organization of the show. We have had several occasions to thank him in the past and we do so again with enthusiasm. Lisa Spellman of 303 Gallery is Rodney Graham's representative in New York. Widely regarded as one of the world's more astute and genial art dealers, she is also known here as a most supportive collaborator. We thank her as well. As always, we are grateful to the collectors who have helped make this exhibition possible through their indispensable loans. Among them, we cannot fail to express our heartfelt thanks to Bob Rennie. The quality of his collection, which contains two major works, will be quickly ascertained by visitors to this exhibition. Josée Bélisle, among this museum's great assets, worked closely with the artist to achieve an exhibition that will be remembered in Montréal for many years. I congratulate her for it, as well as for the grace and clarity of her prose.

Looking at, but also reading and listening to the work of Rodney Graham

Discovering, with delight, the ingenious paradox of greater truths… and smaller untruths

Brilliantly Paradoxical Work

JOSÉE BÉLISLE

At first glance, the brilliantly paradoxical work of Rodney Graham appears to offer a unique synthesis of rigour and melancholy, humour and erudition, coherence and eclecticism; an utter refusal to be confined to a single medium, a single style, a single content; and an inspired—and vaguely encyclopedic—search for meaning within the vast realm of art and knowledge. All in all, it is an immense yet realistic project, comparable perhaps to the excess and extravagance of the absurd, heroic, "copyist" characters Bouvard and Pécuchet of Gustave Flaubert's satirical novel of the same name. This last analogy stops there, however, since Graham's selected, celebrated references and deliberate borrowings always draw upon strategies of appropriation and transformation that contribute to the development of a thoroughly personal, original art.

Since the mid-1970s, Graham has worked through installation, photography, music, video and film, among other media, to explore and exhibit different spheres of science and culture that had an impact on the twentieth century. Freudian psychoanalysis, in particular *The Dream of the Botanical Monograph*,[1] literature (from Edgar Allan Poe to Ian Fleming) and music (by Frederick the Great of Prussia, Wagner and, closer to the present, Kurt Cobain and Nirvana) are among the sources behind his production of cerebral, philosophical, critical and sometimes even humorous works that freely re-examine certain foundations of Western culture. Often the featured player in his photographs and films (since 1994), the artist liberally appropriates selected literary genres, the musical-score format and the readymade as the raw material of his works.

In recent years, Graham has concentrated more on giving form to subjects derived from the mass media, analyzing certain movie genres (adventure, period), music videos, country music ballads or rock songs: *I'm a Noise Man*, he tells us.[2] Indeed, the title of his 2000 exhibition in Munich—*Some Works with Sound Waves, Some Works with Light Waves and Some Other Experimental Works*[3]—accurately describes the conceptual, multidisciplinary nature of his artistic project. Sound and light, images and words are repeatedly used to elaborate anecdotes and devise decidedly, but not exclusively, visual constructions of astonishing formal clarity that deliberately blur the conventional boundaries between pop culture and contemporary art.

One of the constants in Graham's work is also his penetrating look at the connection between nature and culture, which was already particularly apparent in his first photographic work, *75 Polaroids* (1976)—a series of small shots taken in the woods at night and then laid out like a frieze at eye level in a darkened space built inside a gallery—and his well-known photographic series devoted to solitary, upside-down trees (from 1989 on), the origin of which dates back to the work *Camera Obscura*, initially set up in a field near Abbotsford in 1979. Other, subsequent works, including the film *Two Generators* (1984) and the installation *Edge of a Wood* (1999), crystallize this simultaneous, marked interest in landscape (forests, ravines, streams) and in the acoustic, technical, photographic and film devices that allow them to be illuminated (the lighting), observed, captured and represented—in short, to be revealed.

Firmly grounded in a wild, idyllic natural landscape[4] and filmed in 35 mm, Graham's more recent *How I Became a Ramblin' Man* (1999) offers us an amused vision of the American movie epic from the viewpoint of the great western tradition featuring a lone hero. The panoramic format is well suited to the figure's deliberate movements, as he shifts in and out of view in each of the sequence shots. The use of static shots recalls Graham's photographic practice and his keen eye for nature. The soundtrack mixes the rustling of the leaves, the lapping of the brook, the buzzing of the insects, and the neighing and rhythmic tread of the horse—that companion and alter ego of the hero, the lone cowboy who reminds us a little of advertising's *Marlboro Man*. Joining in this melodious cacophony at just the

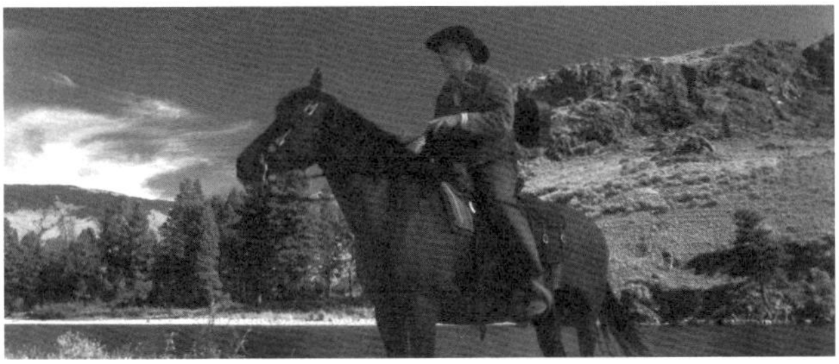

right moment is the irresistible performance of the cowboy singing a plaintive lament while accompanying himself on the guitar:

> I've been following this pal o' mine,
> through the canyons of my wasted time …
> I'll be a drifter till the day I die …
> My father once told me
> Folks can't stand the sight of a solitary man,
> I'll tell you how I became a ramblin' man …[5]

Shown in an elastic, luminous endless loop, the work re-examines the stylistic conventions of film and proposes a pictorial aesthetic that celebrates the romance of the West and the American dream in a blue and ochre palette in which it formalizes, in the expanded time of these shots that could almost be freeze frames, the existential dimension of the wandering of the post-modern hero. The artist himself plays the part of the singing, dreaming cowboy who has traded in his gun for a guitar.

This lyrical ode to the myth of the lone hero in a glorified, evocative setting is indirectly echoed in *Loudhailer* (2003), in which the artist portrays an RCMP officer standing on the deck of a de Havilland Beaver seaplane. The action takes place off the coast of British Columbia, against a backdrop of grand, distant mountains; the officer in uniform is trying to convey some obscure instructions over a megaphone. It is all nearly unintelligible, except for a phrase that keeps coming back like a leitmotif: "Send out a dinghy." The relative absurdity of the scene, at once commonplace and potentially worrisome, is amplified by the device: a dual projection, with the two halves of the image fitting together in the middle of the

How I Became a Ramblin' Man p. 24

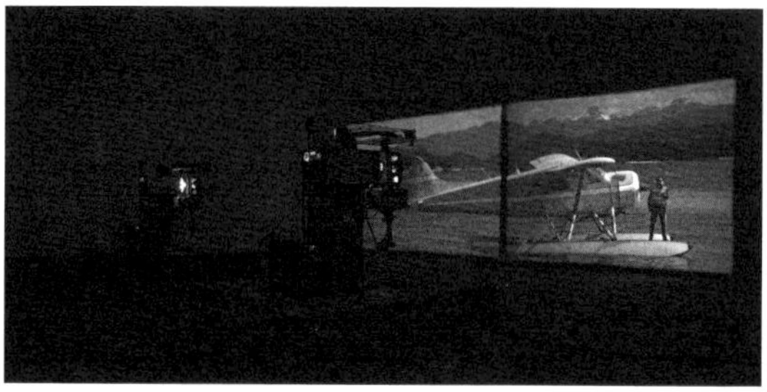

plane that is bobbing about on the waves. Shown side by side, the two 35-mm films are not synchronous, and the join between the pictures is intentionally imperfect. The soundtrack adds the sounds of nature to the officer's laboured speech. This depiction of an authority figure who is losing control over the situation, and hence all credibility, in spite of the majestic authenticity of the quintessentially Canadian setting, illustrates some of the uncertainties of everyday reality (a scenario where nothing makes sense) viewed through the merciless lens of ridicule and symbols. The break in the middle of the image and the deliberate clash between the various components underscores the seemingly disjointed construction of the work as a whole and produces, in technicolour, a somewhat hyperbolical dialogue of the deaf—in part because of the presence and considerable noise of the two projectors in the installation space—in which the thwarted hero finds himself cut off and unable to return to shore to duly fulfill his duties.

The typical Graham hero is constantly grappling with the trials and tribulations arising from his role. He moves inevitably through cycles of repetitions and recurrences imposed by the conceptual and practical demands of the loop, the circular structure. For the viewer, this prompts a simultaneous sense of an apparent insouciance and a necessary perseverance.

Leaving behind the more down-to-earth, contemporary character of the dilettante cowboy and the frustrated Mountie, Graham recently tackled, with great earnestness, a project for a monumental, historical-looking weather vane that he would like to cast in bronze and install on top of a public building. For the moment, *Allegory of Folly: Study for an Equestrian Monument in the Form of a Wind Vane* (2005) is an impressive, black-

Loudhailer p. 28

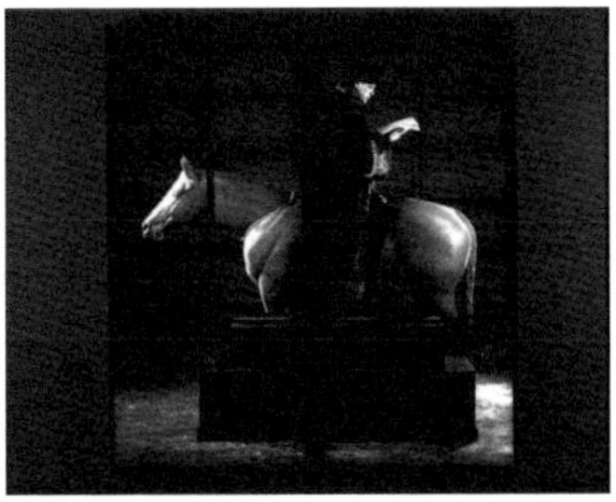

and-white, photographic diptych set in a pair of light-boxes. In it, the artist depicts himself in the features and dress of the humanistic Dutch philosopher Erasmus as he was painted by Hans Holbein the Younger around 1523. Graham is mounted, backward, on a mechanical horse (of the kind used by jockeys for training, or possibly like those found on merry-go-rounds), at the same time as he seems engrossed in reading a colossal tome (actually the Vancouver phonebook). This improbable ride in reverse, against the flow, refers to an anecdote recounting how Erasmus wrote his work *The Praise of Folly*, dedicated to Thomas More, during a journey on horseback from Italy to England. More was also the patron of Hans Holbein. Graham's "allegory of folly" is a spare yet exuberant work in which all aspects of the image are called into play to arrest the movement of this convincing demonstration of the potential merits of the humble, mobile weather vane as a vehicle of indecision, but here placed in the service of tribute, monument and statuary. A few years earlier, in 2002, Graham produced *Weather Vane,* a smaller, stainless-steel weather vane, in which he delighted in idly riding his bicycle backward, seated on the handlebars, looking all around and, it seems, ever ready to go back in time...

In the recent *Torqued Chandelier Release* (2005), Graham offers us a silent work, but for the omnipresent noise of the 35-mm projector that is an integral part of the film installation, which is a dazzling synthesis of the main genres of painting: the vertical format of the image—a portrait format—frames the representation of a crystal chandelier hung in a way that is reminiscent of the strange and unusual beauty of his photographic landscapes of solitary, upside-down trees. The nearly perpetual spinning motion that the light undergoes emphasizes its exquisite delicacy and fragility, which

Allegory of Folly: Study for an Equestrian Monument in the Form of a Wind Vane p. 38

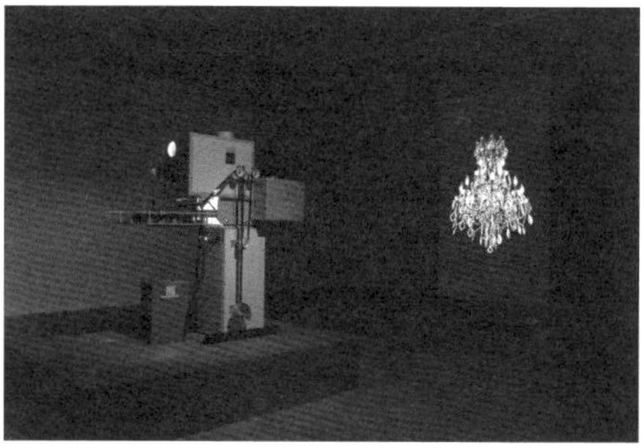

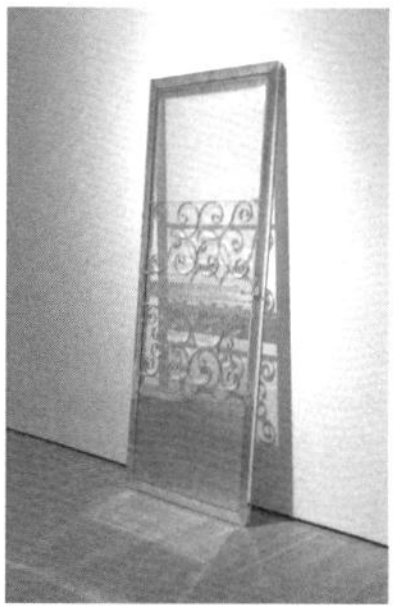

are thus *illuminated* in a wild, impetuous still life. The swirl of crystalline light particles breaking against a background of darkness, in a reinterpretation of Sir Isaac Newton's experiment with motion and gravity (a bucket full of water hung from a rope which was wound up, then released) also emphasizes the nature of the film medium itself, which is primarily defined by light and motion. The film was shot at 48 frames a second (twice the normal speed), and is played on a projector specially made for this speed and for the vertical orientation of the format. This results in a heightened clarity of image, revealing in all its details the poetry of a still life in motion within what becomes practically an abstract landscape. For Graham, the chandelier also calls to mind a perilous scene in the film *Scaramouche* (1952), where a similar falling object nearly brings the life of the character played by Stewart Granger to a dramatic and premature end.[6] It could be reminiscent, as well, of the equally fateful chandelier in Gaston Leroux's *Phantom of the Opera*. In addition, its elegant look could remind viewers of the great expertise of the master craftsmen of Venice (Murano).

From one precious (and deceptively utilitarian) object to another, *Screen Door* (2005) immediately fits the very idea of the classic, exemplary work, although the sum of its possible meanings gives it an extremely rich, pertinent, didactic and even museum potential. It is actually a replica, in silver, of the original screen door on the back entrance to Graceland, Elvis Presley's famous mansion. Here is what the artist has to say about it: "When Elvis decorated Graceland in 1968 the original door was removed and put into storage. In 1999 it was sold, along with his bible, his Walther PPK handgun, his Texaco credit card, and other Presley ephemera, at an auction at the MGM Grand Hotel in Las Vegas. When I saw the image of the screen

Torqued Chandelier Release p. 34 – **Screen Door** p. 40

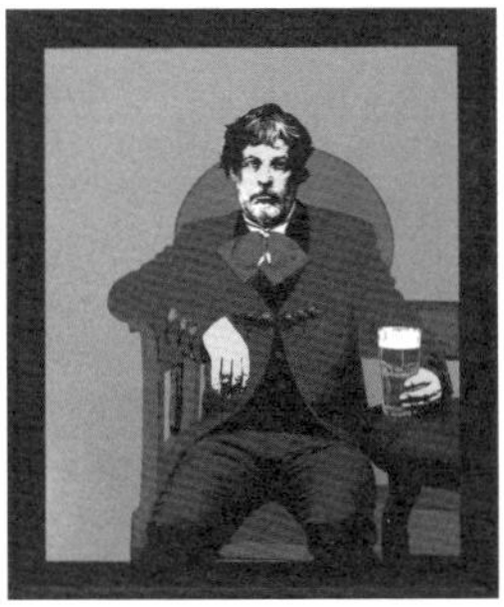

door, of an absolutely ubiquitous type all over North America, I wanted to do something with it. I finally decided to make it into a very large piece of jewelry."[7] Simply leaning against the wall, the humble yet amazing silver door indeed takes on the appearance of a precious jewel, whose large size is rather reminiscent of all of the King's excesses, his taste for luxury and kitsch, and his importance among cult figures of the last few decades. As well, the door motif could not be more evocative: the archetype of passage, entry, beginning, end; the near-transparency of the screen which gives us a glimpse of everything beyond; the gleaming patina that suggests a reflective mirror... Neither painting, nor sculpture strictly speaking, and yet both at once, this work urges us to cut through appearances and transports us *through the looking glass* (like Alice in Wonderland). It can also become a true doorway into contemporary art and a possible key to its many different discourses.

Rodney Graham clearly enjoys travelling through time, through eras, manners and styles, but what surprises us most of all is the scope and ramifications of the multiple references that fill out the various scenarios of the unclassifiable, unconventional theatre of his works.

He skilfully condenses the different elements in *A Glass of Beer* (2005), an elegant yet faintly trivial composition of framed mirrors, inspired readymades that are pure inventions: first of all a portrait (his self-portrait), silkscreened and repeated in the form of variations à la Andy Warhol, refers to the Manet painting *Le Bon Bock* (1873), in turn inspired by Hals; it is echoed in images of products that tie in with, promote or advertise beer and pubs; a Mexican mariachi costume adds a further reference to Manet and his interest in Spanish painting, particularly that of Velasquez, and alludes to Graham's marked interest in music.[8]

A Glass of Beer p. 46

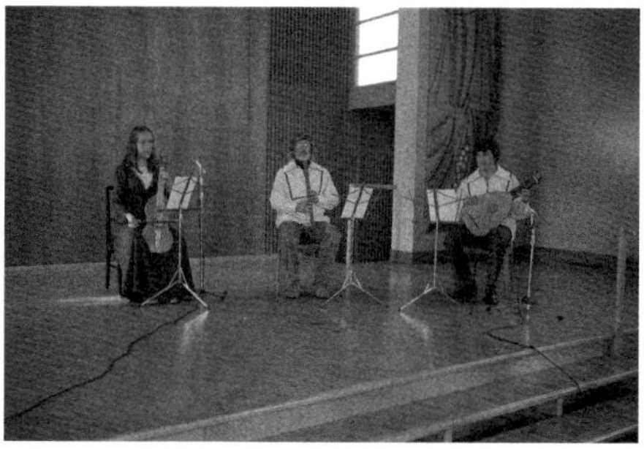

The expression *the nearest faraway place*,[9] borrowed from the Beach Boys' Brian Wilson, accurately defines this attraction to seemingly ordinary and insignificant places that become interesting and meaningful when they are identified and elaborated by Rodney Graham. Such is the case with Aberdeen, in the state of Washington, Kurt Cobain's loathed birthplace ("Cobain hated Aberdeen creatively, the way Freud hated Vienna"[10]), which took on a whole other dimension for Graham ("I was not surprised to find the place quite picturesque and beautiful"[11]) and would become the matrix of a touching, hybrid multimedia installation (slide show, soundtrack, original song).

At the time of writing, Rodney Graham was creating some new works in which he is the featured player and which incorporate unexpected thoughts, bring together assorted motifs and prompt many different levels of interpretation. The twists and turns of his inexhaustible, uncategorizable imagination allow the coexistence and confrontation of notions and states that are often foreign and far removed from one another, in a journey that follows the tenuous link between the separate parts that go into a work of art, in any medium, thus crystallizing a number of stages in a stunning artistic career, however disparate they may seem when viewed in succession.

In one of these works, *Three Musicians (Members of the Early Music Group "Renaissance Fare" Performing Matteo of Perugia's "Le Greygnour Bien" at the Unitarian Church of Vancouver, Late September 1977)*, Graham reconstructs, in a photographic triptych, the fictional performance of a piece of ancient music in a church known for its ecumenical spirit. The Languedocian expression *le greygnour bien* could be translated as "the greater good" or even something that is "larger than life"; it is a remarkable and complex

Three Musicians ... p. 50

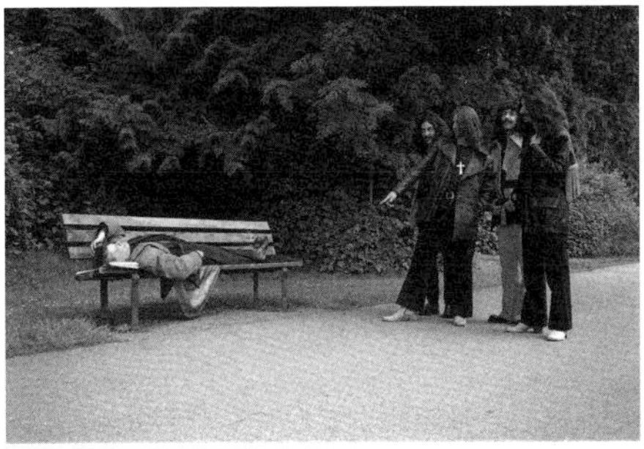

piece of music composed in the *Ars subtilior* manner by the Italian Matteo da Perugia (? – 1418). The composer exemplified the virtuosity of late-fourteenth-century French polyphony, which was distinctive for its use of syncopation and dissonance, among other features. The three musicians in the title—a nod to Picasso[12]—two men and a woman, are playing the vielle (the woman), lute and recorder. Graham appears in the centre image, playing the recorder. The 1970s were an extremely fertile period of all kinds of experimentation, and the evident interest in ancient music just when everything was bursting open in every direction plainly fits with the extraordinary freedom of expression and action so typical of the time.

Set in that same decade, *Awakening* conjures up the cult British group Black Sabbath. Reconstructing a publicity shot taken in 1970 by the rock photographer Chris Walter,[13] the image shows the group in a park, pointing at an older man sleeping on a bench; they are mocking or laughing at him. Graham is the person lying on the bench, and he wakes up—or is on the point of waking up. In addition to affirming his affinities with rock music, the artist immediately establishes a connection with two of his earlier works in which sleep plays a dominant role, namely the video *Halcion Sleep* (1994)[14] and the film *Vexation Island* (1997).[15] He says: "My approach is one of an ironic 'historical re-enactment' in which I am a performer."[16] Graham savours this situation in which his own, belated aspirations as a rock musician become grounds for ridicule for this noisy, iconoclastic band celebrated by its fans. As well, the notion of awakening (waking up, gaining consciousness) is imbued with multiple meanings, including that of responding to a specific call: "Perhaps I am being 'called' to the vocation of rock by a passing group of Sabbath lookalikes ... and I

Awakening p. 48

liked the implication of the title 'Awakening' in the context of the heavy crosses which Ozzy and Tony Iommi wear around their neck: Born again rockers..."[17]

In the past few years, Rodney Graham has developed a fondness for drawing and painting. With irresistible ease, he makes series of quick sketches on a variety of supports: jackets of vinyl discs, pieces of paper, small canvases. Adopting particular styles briefly or at greater length, he produced a group of modernist-type drawings last fall, for example, and, even more recently, little paintings exploring recognizable visual idioms. In concrete terms, each of these works—admittedly more modest in size than his installations, films and large, meticulously staged photographic images—retains the essence of Graham's gestural approach, without indulgence or any concession to current fashion.

Graham also recognizes—by paying them a thinly veiled tribute—the essential contribution made by the main figures who have influenced developments in modern and contemporary art. Currently, he is contemplating Marcel Duchamp and Michael Snow, among others, who could be conjured up in a "paradoxical western scene,"[18] the inner logic of which he alone determines. He is also putting together, in the form of small light-boxes, an enchanting, elusive ready-made that captures, on four sides, "the essence of smoke"![19]

In his continuing, unpredictable elaboration of what could turn into a personal parade of some of the "hits" of the 1960s and 1970s, musically speaking, Graham is working on his own Fluxus-type performance[20] in which potatoes one lobbed at a gong. The 16-mm black-and-white film that will document this new version of the performance will thus become an ongoing record of an absurd, provocative and even, in a way, inspired scenario. The artist will obviously be playing the tuber-tossing drummer.

Of all the personae Rodney Graham has chosen or may yet choose to embody and explore, that of "the gifted amateur" combines especially sensitive qualities of introspection and vulnerability—perhaps because the artist does not give it any heroic dimension, whereas he had previously accustomed us to tragicomic, gruesome or even absurd manifestations. In the same way that music, or the idea of music, pervades all his work—from ancient music to Wagnerian masterpieces and on to pop and rock—and that literature and high art fill and sustain the world unfolding before our eyes that makes no sense and yet makes perfect sense, Rodney Graham offers us, in *tableau* after *tableau,* performance after performance, hints of a "personal story" and bravura works in which self-depiction has no fear of self-mockery—nor of transgression. Graham's rigour and culture contain an intellectual curiosity that forces him to apprehend the structural foundations of the psyche and demands a mastery of the means that allow brilliant and lyrical variations on the inexhaustible theme of the Renaissance man.

1 "As I have made clear elsewhere, it was a monograph on the common house plant cyclamen that set in motion Freud's *Dream of the Botanical Monograph*. Freud's glimpse of the recent publication in a Vienna bookstore defined the clinamen —the unpredictable veering away of attention— that interposed itself into Freud's daily routine." Rodney Graham, "Siting Vexation Island," in *Island Thought*, Canada XLVIII Biennale di Venezia (Toronto: Art Gallery of York University, 1997), p. 15.

"He (Freud) is at once reminded that the cyclamen is his wife's favourite flower and he reproaches himself for so often neglecting to bring her these flowers she loves.... That night he dreams of a book. It was written by himself and again it is a monograph, though this time on an unspecified genus of plant.... *He is turning over the pages of the book, looking at a folded coloured plate. A dried specimen of the plant is pressed between the pages.* Such is the simple—one could almost say impoverished—substance of Freud's so-called 'Dream of the Botanical Monograph.'" Rodney Graham, "Freud's Clinamen," in *Rodney Graham* (Vancouver Art Gallery, 1988), p. 60.

2 In 1999, Rodney Graham presented the installation *I'm a Noise Man* at the Kunsthalle in Vienna. It consisted of an environment, a "listening lounge," where visitors could listen in comfort to recordings of pop music by Graham and his band on a CD containing 14 songs. There he also exhibited *The King's Part* (1999), a large-scale installation comprising a reverberation-free room and a sound device playing a flute concerto composed by Frederick the Great, and distinctive for the fact that in the recorded performance being played, only the sound of the keys is audible, not the melody. *Rodney Graham. Cinema Music Video* (Brussels: Yves Gevaert / Vienna: Kunsthalle Wien, 1999).

3 Title of a three-part exhibition project presented at the Kunstverein in Munich and the Westfälischer Kunstverein in Münster in 2000 in conjunction with a stay by the artist in Germany under the auspices of the DAAD in 2000–2001.

4 "While I'm singing, my horse is just grazing by the river. It's a very beautiful river, the Similkameen river in British Columbia." Excerpt from an interview with Ulrike Groos in Munich in June 2000, in *Retake* (Frankfurt: NAK Neuer Aachener Kunstverein and Revolver, 2001), p.88.

5 Excerpt from *How I Became a Ramblin' Man* (1999), words and music by Rodney Graham. Rodney Graham, *Getting It Together in the Country*, vinyl disc and catalogue in the form of liner notes, Kunstverein München, Westfälischer Kunstverein Münster, Berliner Kunstlerprogramm / DAAD (Cologne: Oktagon Verlag, 2000).

6 Artist Statement in the press release issued by the Donald Young Gallery, Chicago, for the presentation of the installation from April 15 to May 21, 2005.

7 Artist's notes.

8 See the press release issued by the Lisson Gallery, London, for the exhibition *Rodney Graham: A glass of beer and other works*, held from October 19 to November 23, 2005.

9 Remarks by Rodney Graham (1998) published in *Retake* (see note 4 above), p. 93. "... the nearest faraway place..." is also the subtitle of the exhibition *Rodney Graham and Bruce Nauman* held at the Dia Center for the Arts, New York, in 2000.

10 Ibid.

11 Ibid. Rodney Graham produced *Aberdeen* in 2002.

12 Comment by the artist.

13 Artist's notes.

14 "*Halcion Sleep* was a performance in which I took a double dose of Halcion in a motel on the outskirts of Vancouver and had my sleeping self removed several hours later, placed in the back of a van and driven home and put to bed by my brother and friend.... It was also a re-enactment of a childhood memory, a real one in my case, and one that I think a lot of people share, of falling asleep in the back of a car while on a journey, and then being carried to bed by your parents while you are sleeping. In any case that was the first performance where I used myself, and was ultimately about myself. It was an experiment and it was successful in the sense that it opened up subsequent avenues for performances using myself."

"A Little Thought – Rodney Graham and Matthew Higgs in conversation," in *Rodney Graham* (London: Whitechapel Art Gallery, 2002), p. 77–78.

15 In the film *Vexation Island*, Rodney Graham plays a Robinson Crusoe lost (abandoned) on a desert island and asleep (unconscious) beneath a palm tree. He wakes up thirsty, shakes the tree to get a coconut to fall, so he can drink its milk, and is knocked out by it instead. Shown in a continuous loop, the scenario is repeated endlessly: sleep, awakening, shock, loss of consciousness...

16 Artist's notes.

17 Ibid.

18 Ibid.

19 Ibid.

20 "Lobbing Potatoes at a Gong," ibid.

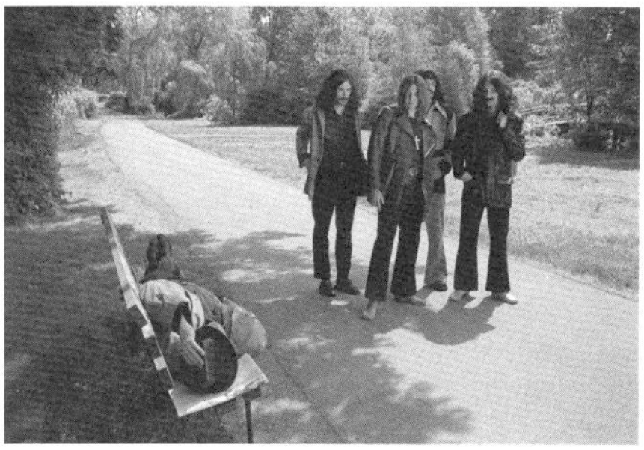

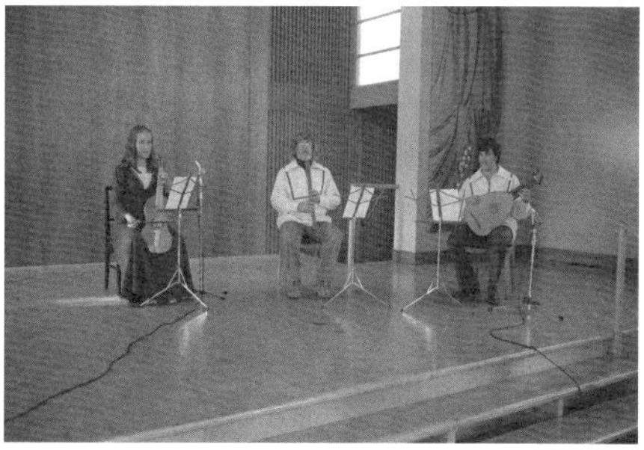

Awakening
A double image based on a publicity photo of the band Black Sabbath, from 1970–1971. The original photo by the rock photographer Chris Walter shows the band on a pathway in a park, standing around a reclining figure (an older man —perhaps a tramp) on a bench. Ozzy Osbourne is pointing at him with a mocking gesture, while the other members of the band are looking at the camera, laughing. I have reconstructed the photo with actors, playing the reclining man myself. The image has been reversed from left to right and has been split into a diptych. The "negative" version of the work (which is intended to evoke the use of negative images in heavy metal album covers) returns the image to the left/right orientation of the original Chris Walter photograph.

RODNEY GRAHAM

Three Musicians ...
The work was inspired by a 1970s recording, by the David Munrow Consort, of a famously "modern," atonal-sounding work of the late fourteenth century avant-garde by the Italian composer Matteo of Perugia. I was interested in the fascination for reconstructing these historical works on the part of early music aficionados such as David Munrow and Christopher Hogwood in the mid-seventies. I intended to make a film of such a performance, set in the seventies (really the heyday of the early music revival), but in the end I opted for a still image, so I could include myself as a "performer." I wanted to suggest two pasts: the late fourteenth century, as interpreted in the late seventies by a group that has immersed itself in the culture of the past to such a degree that they have adopted a costume that evokes (albeit in a homemade way) something of the spirit of the late medieval period.

RODNEY GRAHAM

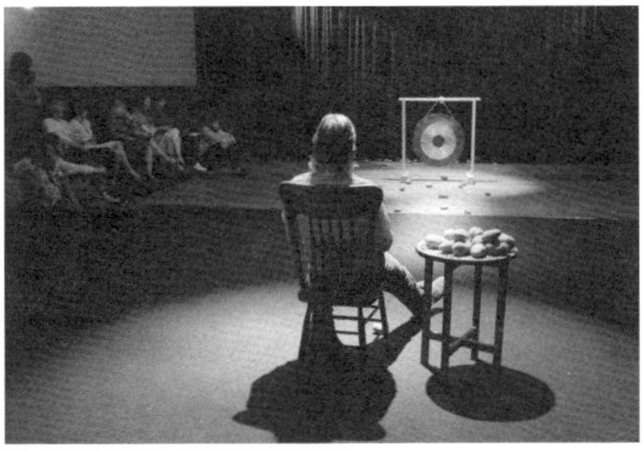

Lobbing Potatoes At A Gong (1969)
The work comprises a ten to fifteen-minute film loop documenting a fictional Fluxus-type action set in 1969, in which I lob potatoes at a gong in front of an audience gathered in an "alternative" performance space (see photos). The action is documented in one long take and recorded in stereo sound. The work is to be projected floor to ceiling (screen size: 3 m by 5 m) in a purpose-built room. All the potatoes that hit the gong were fermented and then distilled into vodka in a homemade still. Each film in the edition is accompanied by a bottle of vodka with a hand-typed label (consistent with a "concrete poetry" aesthetic of the period), which is to be exhibited with the work in a vitrine.

In addition, a three-minute video (to be shown on a monitor) entitled *Copper Kettle (1969)* accompanies the work. This is a transfer of a super 16-mm, single-shot, colour film document of a live musical performance from the same evening in which, in the same artistic persona and accompanying myself on the acoustic guitar, I sing the old folk song *Copper Kettle*, a ballad about moonshining.

RODNEY GRAHAM

Paradoxical Western Scene
An image of me in cowboy garb walking past a tree on which a wanted poster is nailed. The wanted poster shows an image of me walking past the tree, on which there is a wanted poster showing me walking past a tree with a wanted poster of me, etc., in a series of cascading, nested images. The inspiration for the work was a Marty Robbins album cover (I think it was something like *More Gunfighter Ballads*) that showed the country and western star squatting beneath a tree on which a wanted poster was nailed, a poster showing an image from his last album *Gunfighter Ballads*.

RODNEY GRAHAM

Biobibliographie sélective

L'astérisque (*) signale une publication.

Rodney Graham
Né à Abbotsford (C.-B.), le 16 janvier 1949.
Vit et travaille à Vancouver.

Une version plus détaillée de la biobibliographie de l'artiste est disponible sur le site Web de la Médiathèque du Musée d'art contemporain de Montréal (http://media.macm.org).

Expositions individuelles (incl. duos)

2006
Rodney Graham, Musée d'art contemporain de Montréal, Montréal. *

Rodney Graham: Reverie Interrupted by the Police, Rochester Art Center, Rochester.

2005
A Reverie Interrupted by the Police, Magasin – Centre national d'art contemporain, Grenoble.

Rodney Graham, Donald Young Gallery, Chicago.

Rodney Graham — "A Glass of Beer and Other Works", Lisson Gallery, Londres.

Rodney Graham — Picasso, My Master, Johnen Galerie, Berlin.

Rodney Graham: Vexation Island, Château d'If, Marseille.

2004
Filme. Witz und Wiederholung, Oktogon der Hochschule für Bildende Künste Dresden, Dresde.

Rodney Graham, 303 Gallery, New York.

Rodney Graham: A Little Thought, Art Gallery of Ontario, Toronto [itinéraire (2005) : MOCA at The Geffen Contemporary, Los Angeles; Vancouver Art Gallery, Vancouver; Institute of Contemporary Art, University of Pennsylvania, Philadelphie]. *

2003
Phonokinetoscope, The Power Plant Contemporary Art Gallery at Harbourfront, Toronto.

Rodney Graham, Madison Art Center, Madison.

Rodney Graham, Hauser & Wirth Zürich, Zurich.

Rodney Graham, Donald Young Gallery, Chicago.

Rodney Graham — Millennial Time Machine, Morris and Helen Belkin Art Gallery, University of British Columbia, Vancouver. — Dévoilement d'une œuvre *in situ*.

2002
Rodney Graham, Whitechapel Art Gallery, Londres [itinéraire (2003) : K21 Kunstsammlung Nordrhein-Westfalen, Düsseldorf; MAC galeries contemporaines des musées de Marseille, Marseille]. *

Rodney Graham: Bible Works, Goodwater Gallery, Toronto.

Rodney Graham — Music and Noise, Kunsthalle Zürich, Zurich.

Rodney Graham — Sunshine Superman, Niels Borch Jensen Galerie und Verlag, Berlin.

2001
Gary Hill & Rodney Graham, Donald Young Gallery, Chicago

How I Became a Ramblin' Man, Index, The Swedish Contemporary Art Foundation, Stockholm.

The Phonokinetoscope, 303 Gallery, New York.

Rodney Graham, Donald Young Gallery, Chicago.

Rodney Graham, Milwaukee Art Museum, Milwaukee.

Rodney Graham — Softcore, Galerie Micheline Szwajcer, Anvers. — Performance.

Rodney Graham — The Invention of Kino-Phonograph, Galerie Nelson, Paris.

WerkRaum. 3: Rodney Graham Edge of a Wood — City Self/Country Self, Hamburger Bahnhof, Berlin.

Young Rabbits Born Dead in Traps, Niels Borch Jensen Galerie und Verlag, Berlin.

2000
City Self/Country Self, Lisson Gallery, Londres.

Getting It Together in the Country, Presentation House Gallery, North Vancouver.

Rodney Graham, Sammlung Hauser und Wirth, Saint-Gall. *

Rodney Graham and Bruce Nauman: "... the nearest faraway place...", Dia Art Foundation : Chelsea, New York. *

Rodney Graham — Filme, Galerie Rüdiger Schöttle, Munich.

Rodney Graham — Some Works with Sound Waves, Some Works with Light Waves and Some Other Experimental Works, Kunstverein München, Munich [itinéraire : (sous le titre *Rodney Graham — Getting It Together in the Country*), Westfälischer Kunstverein Münster, Münster]. *

Rodney Graham — Welsh Oaks / Sol Lewitt — Recent Wall Drawings, Fraenkel Gallery, San Francisco.

1999
Rodney Graham — Cinema Music Video, Kunsthalle Wien, Vienne. *

Rodney Graham — How I Became a Ramblin' Man, Donald Young Gallery, Chicago.

Rodney Graham: Vexation Island, Museum of Contemporary Art, Miami.

Rodney Graham: Vexation Island, Morris and Helen Belkin Art Gallery, University of British Columbia, Vancouver.

Rodney Graham — Works 1983–1998, Christine Burgin Gallery, New York.

Time Traced: Rodney Graham and Vera Lutter, Dia Center for the Arts, New York. *

1998
Rodney Graham, Wexner Center for the Arts, Columbus.

Rodney Graham, Galerie Micheline Szwajcer, Anvers.

Rodney Graham, Johnen + Schöttle, Cologne.

Rodney Graham, Charles Ray, Donald Young Gallery, Seattle.

Rodney Graham, Stephan Balkenhol, Galerie Rüdiger Schöttle, Munich.

Rodney Graham: Vexation Island, La Galerie, FRAC Languedoc-Roussillon, Montpellier. *

Rodney Graham: Vexation Island and Other Works, Art Gallery of York University, Toronto [itinéraire (1999) : (sous le titre *Rodney Graham. L'Île des contrariétés et autres œuvres / Rodney Graham. Vexation Island and Other Works*) Musée des beaux-arts du Canada, Ottawa]. *

1997
Rodney Graham: Vexation Island, Pavillon canadien, Venise. — Dans le cadre de la *XLVII Biennale di Venezia*. *

Rodney Graham, Angles Gallery, Santa Monica.

Vexation Island, 303 Gallery, New York.

1996
Rodney Graham, Sint-Lukasgalerij, Bruxelles.

Rodney Graham, Lisson Gallery, Londres.

Rodney Graham : Camera Obscura Mobile, Domaine d'Harcourt, Harcourt. — Exposition organisée par le FRAC Haute-Normandie, Sotteville-lès-Rouen. *

Rodney Graham: Editions, Nicole Klagsbrun, New York.

1995
Galerie Rüdiger Schöttle, Munich.

Rodney Graham, 303 Gallery, New York.

Rodney Graham: Halcion Sleep & Dr. No, Johnen + Schöttle, Cologne.

Rodney Graham — Œuvres freudiennes/Œuvres wagnériennes, Musée départemental de Rochechouart, Rochechouart. * (1996)

1994

Rodney Graham, The Espai Poblenou Foundation, Barcelone. * (2003)

Rodney Graham: Works from 1976 to 1994, Starkmann Library Services, Winchester [itinéraire (1994–1996) : Art Gallery of York University, Toronto; Castello di Rivoli, Turin; (sous le titre *Rodney Graham — School of Velocity / Parsifal*) The Renaissance Society at the University of Chicago, Chicago; (sous le titre *Rodney Graham*) Morris and Helen Belkin Art Gallery, University of British Columbia, Vancouver]. *

Rodney Graham: Works from the Permanent Collection, Art Metropole, Toronto.

1993

Rodney Graham, Angles Gallery, Santa Monica.

Rodney Graham — Concordance to the Standard Edition, Galerie Micheline Szwajcer, Anvers.

Rodney Graham — Irradiation, Yves Gevaert, Bruxelles.

Rodney Graham, James Welling, Jack Hanley Gallery, San Francisco.

School of Velocity, Lisson Gallery, Londres.

1992

Les Dernières Merveilles de la science, Yves Gevaert, Bruxelles.

Rodney Graham — Adjacent Film Frames, Galerie One Five, Anvers.

Rodney Graham et Ken Lum, Galerie Philip Nelson, Lyon.

1991

Ponderosa Pines, Galerie Rüdiger Schöttle, Munich.

Rodney Graham — Stanley Park Cedars, La Maison de la Culture et de la Communication de Saint-Étienne, Saint-Étienne.

1990

Printed Matter Bookstore, New York.

Rodney Graham, Galerie Rüdiger Schöttle, Munich.

Rodney Graham — Books, Lisson Gallery, Londres.

Rodney Graham, Ian Wallace, Galerie Rüdiger Schöttle, Munich.

Rodney Graham — Oxfordshire Trees, Christine Burgin Gallery, New York.

Rodney Graham — Parsifal: Transformation Music, Johnen + Schöttle, Cologne. *

1989

Books and Writings by Rodney Graham, Yves Gevaert, Bruxelles.

Rodney Graham, Stedelijk Van Abbemuseum, Eindhoven. *

Rodney Graham: ¿Qué hace la Naturaleza por la Noche?, Galeria Marga Paz, Madrid.

Rodney Graham — Are you a doctor, Sir?, Or Gallery, Vancouver.

Rodney Graham — Flanders Trees, Galerie Micheline Szwajcer, Anvers.

1988

Rodney Graham, Christine Burgin Gallery, New York.

Rodney Graham, Galerie Philip Nelson, Lyon.

Rodney Graham, Johnen + Schöttle, Cologne.

Rodney Graham, Vancouver Art Gallery, Vancouver. *

1987

Freud Sculptures, Ydessa Hendeles Gallery, Toronto.

The System of Landor's Cottage, Art Gallery of Ontario, Toronto.

1986

Rodney Graham, Johnen + Schöttle, Cologne.

Rodney Graham / James Welling, Coburg Gallery, Vancouver.

1979

Camera Obscura, aux environs d'Abbotsford (C.-B.).

Illuminated Ravine, Simon Fraser University, Burnaby.

Rodney Graham, studio de Ian Wallace, Vancouver.

1976

Rod Graham, Rob Kleyn, Pender Street Gallery, Vancouver.

Principales expositions collectives (depuis 2000)

2006
2006 Whitney Biennial, Day for Night, Whitney Museum of American Art, New York. * (2005)

La Collection — Acte IV : De la perception à l'expérience de l'œuvre, MAC galeries contemporaines des Musées de Marseille, Marseille.

The Collection XIII — Luz, MUHKA Museum van Hedendaagse Kunst, Anvers.

Dormir, rêver... et autres nuits, CAPC Musée d'art contemporain, Bordeaux. *

Espai públic — Dues audiències. Obres i documents de la Col·lecció Herbert / Public Space — Two Audiences. Works and Documents from the Herbert Collection, MACBA – Museu d'Art Contemporani de Barcelona, Barcelone. *

Faking Death: Canadian Art Photography and the Canadian Imagination, Jack Shainman Gallery, New York.

Review : vidéos et films de la collection Pierre Huber, Le Magasin, Centre National d'Art Contemporain, Grenoble. *

WRONG, Galerie Klosterfeld Berlin, Berlin.

2005
50 Jahre / Years Documenta 1955-2005, Kunsthalle Fridericianum, Cassel. *

An Aside – Selected by Tacita Dean, Camden Arts Centre, Londres [itinéraire : The Fruitmarket Gallery, Édimbourg; Glynn Vivian Art Gallery, Swansea]. — Exposition organisée par la Hayward Gallery's National Touring Exhibitions. *

Burlesques contemporains, Galerie du Jeu de Paume, Paris.

Colección Fundación "la Caixa". Veinte años con el arte contemporáneo. Nuevas adquisiciones, CaixaForum – Fundació la Caixa, Barcelone.

Connexions, Musée d'art moderne et contemporain, Genève. — 4e épisode du cycle d'expositions *Mille et Trois Plateaux*.

Don't Trust Anyone Over Thirty, Wiener Festwochen, Vienne [itinéraire (2005–) : Museumsquartier, Vienne; T-B A 21, Thyssen-Bornemisza Art Contemporary, Vienne, et autres lieux en Europe et en Amérique]. — La première présentation avait lieu à la *Art / Basel / Miami Beach* (2004). *

Ecstasy — In and About Altered States, MOCA at The Geffen Contemporary, Los Angeles. *

The Imaginary Number, KW Kunst-Werke Berlin e.V., Institute for Contemporary Art, Berlin. *

In Concert, Schirn Kunsthalle Frankfurt, Francfort.

Intertidal. Vancouver Art & Artists, MUHKA Museum van Hedendaagse Kunst, Anvers. *

Kontexte der Fotografie, Museum für Gegenwartskunst Siegen, Siegen.

Miradas y conceptos en la Colección Helga de Alvear, Galeria Helga de Alvear, Madrid [itinéraire : Museo Extremeño e Iberoamericano de Arte Contemporáneo, Badajoz]. *

Multiple Spaces (3) – Film – Imagination and Illusion in Art / Espaces multiples (3) : Film – L'être et le faire semblant dans l'art, Staatliche Kunsthalle Baden-Baden, Baden-Baden. — Exposition organisée en coopération avec SWR2 et l'École Supérieure Folkwang d'Essen. *

OffWhite — Carte grise à Geneviève Cadieux, Dazibao, centre de photographies actuelles, Montréal. *

Police, Landesgalerie am Oberösterreichischen Landesmuseum, Linz. *

Puppets & Heavenly Creatures, T-B A 21, Thyssen-Bornemisza Art Contemporary, Vienne.

Reinstallation of The Museum of Modern Art's Collection, MoMA – The Museum of Modern Art, New York.

Richard Wagner : visions d'artistes : d'Auguste Renoir à Anselm Kiefer, Musée Rath; MAMCO – Musée d'art moderne et contemporain, Genève. *

Sammlung 2005 — Neupräsentation der erweiterten Sammlung, K21 Kunstsammlung Nordrhein-Westfalen, Düsseldorf.

Situation Comedy: Humor in Recent Art [itinéraire (2005–2007) : The Contemporary Museum, Honolulu; Chicago Cultural Center, Chicago; Winnipeg Art Gallery, Winnipeg; Museum of Art/Fort Lauderdale, Fort Lauderdale]. — Exposition organisée par le New York Independent Curators International, New York. *

Superstars. Das Prinzip Prominenz in der Kunst – Von Warhol bis Madonna, Kunsthalle Wien, Vienne. *

Un coup de dés — From the collection, Van Abbemuseum, Eindhoven.

Weathervane / L'Air du temps, La Galerie d'art d'Ottawa, Ottawa [itinéraire (2005–2006) : Oakville Galleries, Oakville; Galerie de l'UQAM, Université du Québec à Montréal, Montréal]. *

2004

All under Heaven, MUHKA Museum van Hedendaagse Kunst, Anvers.

Ambulantes. Cultura portátil, Centro Andaluz de Arte Contemporáneo (CAAC), Séville.

Art / Basel / Miami Beach, Miami Beach. *

Before the End (Part I), Le Consortium (L'Usine), Dijon.

Biennale, Museum of New Art, Pontiac (Mich.).

Contact 2004, 8th Annual Toronto Photography Festival, Art Gallery of Ontario, Toronto.

Facing History: Portraits from Vancouver / Visages de l'histoire : Portraits de Vancouver, Centre culturel canadien, Paris [itinéraire (2005) : Wharf, centre d'art contemporain de Basse-Normandie, Hérouville-Saint-Clair].

Friedrich Christian Flick Collection im Hamburger Bahnhof, Hamburger Bahnhof, Berlin. *

Get a little closer... Oakville Selects from the Permanent Collection, Oakville Galleries at Centennial Square, Oakville.

I am the Wrath of God, MOT international, Londres.

I Wanna Be a Popstar, Loop – Raum für aktuelle Kunst, Berlin. — Dans le cadre de Club Transmediale.

57th International Film Festival Locarno, In Progress, Lucerne.

Music/Video, The Bronx Museum of the Arts, New York.

Paisaje y Memoria, La Casa Encendida, Madrid.

Pass the Time of Day, Gasworks Gallery, Londres [itinéraire (2005) : Angel Row Gallery, Nottingham; Collective Gallery, Édimbourg; Castlefield Gallery, Manchester]. *

Portraits d'arbres, Henri Gadeau de Kerville au regard de la photographie contemporaine, Maison des Arts; Musée d'Évreux, Évreux. *

Sons et Lumières — Une histoire du son dans l'art du xxe siècle, Centre Pompidou, Paris. *

Uses of the Image: Photography, Film and Video in The Jumex Collection, XIII Encuentros Abiertos de Fotografía-Festival de la Luz 2004 Argentina, Malba – Colección Costantini, Buenos Aires [itinéraire : Espacio Fundación Telefónica, Buenos Aires].

Videodreams, Kunsthaus Graz am Landesmuseum Joanneum, Graz. *

2003

7e Biennale de Lyon, C'est arrivé demain, La Sucrière, Lyon; Moca — Musée art contemporain, Lyon; Institut d'art contemporain, Villeurbanne; Le Musée des Beaux-Arts, Lyon; Le Rectangle, Centre d'Art de la Ville de Lyon, Lyon. *

Le Beau Corps de la mémoire, Musée des arts contemporains de la Communauté française de Belgique, Grand-Hornu. *

L Biennale di Venezia, *Utopia Station Poster Project*, Venise [itinéraire : Haus der Kunst, Munich; Museum in progress, Vienne]. *

Crosscurrents at Century's End: Selections from the Neuberger Berman Art Collection, Henry Art Gallery, Univerisity of Washington, Seattle [itinéraire (2003–2004) : Norton Museum of Art, West Palm Beach; Tampa Museum of Art, Tampa; Chicago Cultural Center, Chicago]. *

The Distance Between Me and You, Lisson Gallery, Londres.

Doublures, Musée national des beaux-arts du Québec, Québec. *

Drawings, Donald Young Gallery, Chicago.

Extended Play: Art Remixing Music, Govett-Brewster Art Gallery, New Plymouth. *

Fast Forward, Media Art Sammlung Goetz, ZKM | Zentrum für Kunst und Mediatechnologie Karlsruhe, Karlsruhe [itinéraire (2005) : (sous le titre *Fast Forward Media Art de la Colección Goetz*) Museo Municipal de Arte Contemporáneo de Madrid / Centro Cultural del Conde Duque, Madrid]. *

From Dust to Dusk: An International Exhibition of Contemporary Art, Charlottenborg Udstillingsbygning, Copenhague. *

Go Johnny Go! – Die E-Gitarre – Kunst und Mythos, Kunsthalle Wien, Vienne. *

Golden Oldies of Music Video, MoMA – The Museum of Modern Art, New York.

The Labyrinthine Effect, Australian Centre for Contemporary Art, Melbourne.

Malerei / Painting: Bujnowski – Elsner – Graham – Janas – Lulic – Merta – van Oven – Roglaski, Johnen + Schöttle, Cologne.

On the Wall: Wallpaper by Contemporary Artists, The RISD Museum, Providence [itinéraire : (sous le titre *On the Wall: Wallpaper and Tableau*), The Fabric Workshop and Museum, Philadelphie]. * (2004)

OUTLOOK International Art Exhibition, Benaki Museum, Athens School of Fine Art, Athènes.

Partners, Haus der Kunst München, Munich.

Rodney Graham — Gary Hill — Joshua Mosley, Donald Young Gallery, Chicago.

Sound Systems, Salzburger Kunstverein, Salzbourg.

Soundtracks, The Edmonton Art Gallery, Edmonton. — Exposition itinérante organisée en collaboration avec la Blackwood Gallery (UTM, Toronto), la Mackenzie Art Gallery (Regina) et la McMichael Canadian Art Collection (Kleinburg). — L'événement, présenté dans divers lieux au Canada de 2003 à 2005, comportait trois volets : *Come a Singing!*, *See Hear!* et *Re-Play*, dans lequel figurait le travail de Rodney Graham. *

Various Properties, Morris and Helen Belkin Art Gallery, University of British Columbia, Vancouver.

2002

13th Biennale of Sydney, The World May Be... (Fantastic), Art Gallery of South Wales (et autres lieux), Sydney. *

L'Ascension du paysage : fragments de voyage dans l'espace de l'art 1848–2002, Centre d'art contemporain, Istres.

Au regard du paysage / Regarding Landscape II, Galerie Liane et Danny Taran du Centre des Arts Saidye Bronfman, Montréal.

Avant que la mer fût au monde, Rochechouart portoit les ondes, Musée départemental de Rochechouart, Rochechouart.

French Collection, MAMCO – Musée d'art moderne et contemporain, Genève.

The House of Fiction, Sammlung Hauser und Wirth, Saint-Gall. *

Kunst nach Kunst / Art after Art, Neues Museum Weserburg, Brême. *

Límits de la percepció, Fundació Joan Miró, Barcelone. *

New Deal, Centre d'art contemporain, Genève.

New Media: Artwork from the 60s and 70s in Vancouver, Visuals Arts Burnaby / Gallery at Ceperley House, Burnaby. *

On Stage, Kunstverein Hannover, Hanovre [itinéraire (2003) : Villa Merkel, Galerien der Stadt Esslingen am Neckar, Esslingen]. *

Photography by Gallery Artists, Donald Young Gallery, Chicago.

Regarding Landscape, Art Gallery of York University, Toronto; The Koffler Gallery, Toronto; MOCCA – Museum of Contemporary Canadian Art, Toronto. — Rodney Graham exposait à la Art Gallery of York University. *

Remix: Contemporary Art & Pop, Tate Liverpool, Liverpool. *

Rimes of Omission: Donald Judd, Carl Andre, Marcel Broodthaers & Rodney Graham, Art Gallery of Ontario, Toronto. *

Rock my World: Recent Art and the Memory of Rock 'n' Roll, Logan Galleries, California College of Arts and Crafts, San Francisco. *

Subréel, MAC galeries contemporaines des musées de Marseille, Marseille.

Tableaux vivants, Kunsthalle Wien, Vienne. *

Thisplay, La Coleccion Jumex, Ecatepec de Morelos.

Transformer, Pori Art Museum, Pori. *

Urbane Sequenzen, Kunsthalle Erfurt, Erfurt [itinéraire : Schloss Reingenberg, Hamminkeln; Museum Hardenberg, Velbert]. *

Vidéo topiques — Tours et retours de l'art vidéo, Musée d'Art Moderne et Contemporain, Strasbourg. *

La Vie en temps réel = Life in Real Time (volet/part 2 : mode ralenti = slow motion), Marché Bonsecours, Montréal. — Exposition organisée par VOX, centre de diffusion de la photographie. *

2001

010101: Art in Technological Times, San Francisco Museum of Modern Art, San Francisco. *

9e Biennale de l'image en mouvement / 9th Biennial of Moving Images, MAMCO – Centre pour l'image contemporaine Saint-Gervais, Genève. *

Affinités, Le Quartier, Centre d'art contemporain, Quimper. *

Art/Music: Rock, Pop, Techno, Museum of Contemporary Art, Sydney.

Artline 5: Interactionen – Natur & Architektur, Stadt Borken, Gand. *

At Sea, Tate Liverpool, Liverpool.

Black Box: der Schwarzraum in der Kunst, Kunstmuseum Bern, Berne. *

Commandes Photographiques du Groupe Lhoist, CNP — Centre National de la Photographie, Paris [itinéraire (2002) : Musée d'Ixelles — Museum van Elsene, Bruxelles; et en Allemagne]. *

Dévoler – vivent les Fracs (suite), Nouveau Musée/ Institut d'art contemporain, Villeurbanne.

Dynamics of Form: Narrative in the Artist's Book, Owens Art Gallery, Mount Allison University, Sackville. *

Extra Art: A Survey of Artists' Ephemera, 1960–1999, CCA Wattis Institute of Contemporary Arts, San Francisco [itinéraire (2002–2003) : Institute of Contemporary Arts (ICA), Londres]. *

Feature: Art, Life & Cinema, Govett-Brewster Art Gallery, New Plymouth. *

The Inward Eye: Transcendence in Contemporary Art, Contemporary Arts Museum, Houston. *

Live — Biennial of Performance Art, Vancouver Art Gallery (et autres lieux), Vancouver. *

Looking With/Out: East Wing Collection No. 05, Courtauld Institute of Art, Londres.

Loop — Alles auf Anfang, Kunsthalle der Hypo-Kulturstiftung, Munich [itinéraire (2001–2002) : P.S.1/ MoMA – Museum of Modern Art, New York]. *

Luminous, Bellevue Art Museum, Washington. *

Neue Welt, Kunstverein Francfurt, Frankfort-sur-le-Main. *

Nouvelles acquisitions, FRAC Champagne-Ardenne, Reims.

A Private Reading: The Book as Image and Object, Senior & Shopmaker Gallery, New York.

Rodney Graham, Ebru Özseçen, Rosemarie Trockel, Lindig in Paludetto, Nuremberg.

Seventh International Istanbul Biennial, divers lieux, Istanbul. *

Short Stories, Henry Art Gallery, Univerisity of Washington, Seattle.

Solos for Videos, Kunstsammlung im Ständehaus, Düsseldorf.

Summer of Sound, Henry Art Gallery, Univerisity of Washington, Seattle.

These Days, Vancouver Art Gallery, Vancouver. *

Vancouver Collects, Vancouver Art Gallery, Vancouver. *

Video Work, Lisson Gallery, Londres.

Wechselstrom / Alternating Current, Sammlung Hauser und Wirth, Saint-Gall. *

Wiederaufnahme / Retake, NAK Neuer Aachener Kunstverein, Aix-la-Chapelle. *

2000

6èmes Vidéogrammes, Marseille. — Événement organisé par Vidéochroniques en collaboration avec Système Friche Théâtre, la Délégation Générale du Québec et C.Y.P.R.È.S, Marseille. *

Artisti e architetti, Collection du FRAC Centre, Palazzo delle Papesse, Sienne.

The Bigger Picture: Contemporary Photography Reconsidered, Art Gallery of Ontario, Toronto. *

Double Whammy, Atelier Gallery, Vancouver.

Dream Machines, Hayward Gallery, Londres [itinéraire : Dundee Contemporary Arts, Dundee; Mappin Art Gallery in Sheffield, Sheffield; Camden Arts Centre, Londres]. *

Drehmomente, Sammlung Hauser und Wirth, Saint-Gall.

Drive, Govett-Brewster Art Gallery, New Plymouth. *

Flight Patterns, MOCA at The Geffen Contemporary, Los Angeles. *

The Greenhouse Effect, Serpentine Gallery, Londres. *

Illicit Form of Meditation, Künstlerhaus Stuttgart, Stuttgart. *

Let's Entertain: Life's Guilty Pleasures, Walker Art Center, Minneapolis [itinéraire (2000–2001) : Portland Art Museum, Portland; (sous le titre *Au-delà du spectacle*) Centre Pompidou, Paris; Miami Art Museum, Miami]. *

Lisson Gallery at 9 Kean Street, Covent Garden, Millennium Lofts, Londres. — Exposition organisée par la Lisson Gallery, Londres.

Making Time — Considering Time As a Material in Contemporary Video & Film, The Palm Beach Institute of Contemporary Art (PBICA), Lake Worth. *

Media_City Seoul 2000 Festival, Seoul Metropolitan Museum of Art (et autres lieux), Séoul. *

Music Works by Visual Artists, Freunde Guter Musik Berlin, Hamburger Bahnhof, Berlin.

A Shot in the Head, Lisson Gallery, Londres.

Sound Video Film, Donald Young Gallery, Chicago.

Tout le temps : La Biennale de Montréal = Every Time: La Biennale de Montreal, CIAC/Centre international d'art contemporain de Montréal, Palais du commerce, Montréal. *

Utopias, Mead Gallery, Warwick Arts Centre, University of Warwick, Coventry.

Voici, 100 ans d'art contemporain, Palais des beaux-arts, Bruxelles. *

Vor und zurück, Kunstmuseum Düsseldorf, Düsseldorf.

Catalogues d'expositions individuelles

2006

Bélisle, Josée. — Rodney Graham. — Montréal : Musée d'art contemporain de Montréal, 2006. — 95 p.

2004

Grant, Arnold. — Rodney Graham : a little thought. — Toronto : Art Gallery of Ontario; Los Angeles : Museum of Contemporary Art; Vancouver : Vancouver Art Gallery, c2004. — 207 p.

2003

Rodney Graham. — [Marseille] : MAC; [Paris] : École nationale supérieure des beaux-arts, 2003. — 120 p.

Christov-Bakargiev, Carolyn. — Rodney Graham. — Co-auteurs Darian Leader, Russell Ferguson. — Ostfildern-Ruit : Hatje Cantz, c2003. — 120 p.

2002

Blazwick, Iwona. — Rodney Graham. — London : Whitechapel Art Gallery, c2002. — 120 p.

2000

Rodney Graham : 16.07.-12.08.2000. — [Texte, Ulrike Groos]. — St. Gallen : Sammlung Hauser und Wirth, c2000. — 1 f. pliée. — Texte en allemand et en anglais

Rodney Graham and Bruce Nauman "... the nearest faraway place...", May 10, 2000–Spring 2001. — [Texte, Lynne Cooke]. — New York : Dia Center for the Arts, [2000?]. — 1 f. pliée [8] p.

Gaensheimer, Susanne. — Rodney Graham, getting it together in the country : some works with sound waves, some works with light waves and some other experimental works. — Köln : Oktagon, c2000. — 28 p + 1 disque 33 tours.

1999

Rodney Graham and Vera Lutter : time traced. — New York : Dia Center for the Arts, 1999. — 1 f. pliée [8] p.

Kunsthalle Wien. — Rodney Graham : cinema music video. — Brussels : Yves Gevaert, 1999. — 125 p. + 1 CD-Rom (*I'm a Noise Man*)

1998

Rodney Graham : Vexation Island. — [Texte, Céline Mélissent]. — [Montpellier : FRAC Languedoc-Roussillon, 1998?]. — 1 f. pliée [4] p. — Texte en français et en anglais

Rodney Graham : Vexation Island and other works. — Toronto : Art Gallery of York University, c1998. — 24 p.

1997

Graham, Rodney. — Island thought : Canada XLVII Biennale di Venezia. — North York, Ont. : Art Gallery of York University, 1997. — 212 p., [32] p. de pl.

1996

Rodney Graham : Malle-poste américaine convertie en camera obscura mobile. — [S.l.] : FRAC Haute-Normandie, 1996. — 34 p.

Graham, Rodney. — Œuvres freudiennes [suivi de Œuvres wagnériennes]. — [Traduction : Thierry Dubois, Yves Gevaert]. — [Bruxelles] : Yves Gevaert; [Rochechouart] : Musée départemental de Rochechouart, 1996. — 33, [8], 22 p + 1 CD-Rom. — Texte tête-bêche en français

1994

Graham, Rodney. — Rodney Graham : works from 1976 to 1994. — With essays by J. Wall, M. Teitelbaum, B. Groys, M. A. Brayer; catalogue raisonné by É. Van Balberghe and Y. Gevaert. — Toronto : Art Gallery of York University; Brussels : Y. Gevaert; Chicago : Renaissance Society at the University of Chicago, 1994. — 135 p.

1990

Rodney, Graham; Batten, Alan H. — Rodney Graham : Parsifal. — Köln : Johnen & Schöttle, c1990. — [8] p. — Texte en anglais et en allemand

1989

Lubbers, Frank. — Rodney Graham : Stedelijk Van Abbemuseum, Eindhoven. — Eindhoven : Het Abbemuseum, c1989. — 24 p. — Texte en néerlandais et en anglais

1988

Rodney Graham. — [Essai de Jeff Wall; comporte des textes de Rodney Graham]. — Vancouver : Vancouver Art Gallery, c1988. — 63 p. — Texte en anglais

Monographies et principaux ouvrages

2005

Graham, Dan; Graham, Rodney; Oursler, Tony. — Don't trust anyone over thirty. — Wien : Thyssen-Bornemisza Art Contemporary, 2005. — 68 p.

2004

Robert Lehman lectures on contemporary art. No. 3. — Edited by Lynne Cooke and Karen Kelly with Bettina Funcke. — New York : Dia Art Foundation. — 222 p. — Voir le texte de Jan Tumlir : « Rodney Graham's black box treatment », p. 159–189

Bradley, Jessica. — Rodney Graham : a little thought. — Toronto : Art Gallery of Ontario, [2004]. — [24] p. — Guide de l'exposition. — Document construit à partir de citations de l'artiste sur un corpus d'œuvres incluses dans l'exposition

Zwirner, Dorothea. — Rodney Graham. — Edited by the Friedrich Christian Flick Collection; [incl. des textes de Rodney Graham]. — Cologne : DuMont, c2004. — 175 p. — (Collector's choice : artists' monographs; 1). — Aussi disponible en allemand

2003

The Espai Poblenou Foundation – Site-specific projects for Barcelona 10.1989–09.1995. — Edited by Gloria Moure. — Barcelona : Ediciones Polígrafa, c2003. — 215 p. — Rodney Graham, p. 140–157.

Rush, Michael. — L'art vidéo. — Paris : Thames & Hudson, 2003. — 224 p. — Rodney Graham, p. 176–177

2002

Sur ma manière de travailler : actes du colloque Art et Psychanalyse II. — Sous la direction d'Hervé Bouchereau et de Chantal Pontbriand. — Montréal : Parachute, c2002. — 210 p. — Actes du colloque tenu les 9 et 10 avril 1999 au Centre Canadien d'Architecture à Montréal. — Voir le texte de Rodney Graham : « Une interprétation diurne du rêve de Freud, le matin suivant son rêve de la monographie botanique », p. 145–151

Glasmeier, Michael. — Loop : zur Geschichte und Theorie der Endlosschleife am Beispiel Rodney Graham. — Köln : Salon-Verl, 2002. — 39 p. — (Éditions questions; 5)

2000

Newlands, Anne. — Canadian art from its beginnings to 2000. — Willowdale : Firefly Books, 2000. — 355 p. — Voir : « Rodney Graham : Stanley Park Cedar, no. 7 », p. 125

Thom, Ian M. — Art BC : masterworks from British Columbia. — Vancouver : Douglas & McIntyre : Vancouver Art Gallery, c2000. — 232 p. — Voir : « Rodney Graham [Millennial Project for an Urban Plaza, 1986] », p. 156–157

1999

Domaines publics : Daniel Buren, Peter Downsbrough, Rodney Graham, Robert Irwin, Tadashi Kawamata, Vito Acconci & Robert Mangurian, Barbara Kruger & Smith-Müller + Hawkinson, James Turrell & Studio Works. — [Conception et coordination : Marie-Ange Brayer]. — Orléans : Éditions HYX, c1999. — 91 p. — (Collection du FRAC Centre). — Texte en français et en anglais. — Voir « Rodney Graham », p. 44–47

Coloquio internacional de historia del arte (12, 1999, Universidad Nacional Autónoma de México, Instituto de Investigaciones Estéticas, México). — (In)disciplinas : estética e historia del arte en el cruce de los discursos. — Edición a cargo de Enríquez, Lucero. — México : Universidad Nacional Autónoma de México, Instituto de Investigaciones Estéticas, 1999. — 607 p. — Comprend des textes en espagnol et en anglais. — Voir le texte de Serge Guilbaut : « Tripping towards the wide wild world : the work of Francis Älÿs and Rodney Graham », p. 487–498

1998

Graham, Rodney. — Le système du cottage Landor : pour faire pendant à la dernière histoire d'Edgar Poe. — Traduit par Thierry Dubois. — 2e éd. — Bruxelles : Yves Gevaert, c1998. — 247 p. — Éd. originale en anglais, c1987

1997

La description : actes du colloque Archives de la critique d'art. — Sous la direction de Larys Frogier et Jean-Marie Poinsot. — Châteaugiron : Archives de la critique d'art, c1997. — 78 p. — Voir le texte de Marie-Ange Brayer : « La description comme objet de l'œuvre », p. 61–75

The photographic paradigm. — Eds. Annette W. Balkema, Henk Slager. — Amsterdam; Atlanta : Editions Rodopi, 1997. — 192 p. — (Lier en Boog, Series of Philosophy of Art and Art Theory; 12). — Voir le texte de Rodney Graham : « The way I use photography », p. 66–67

1996

Wall, Jeff; Graham, Rodney. — Dans la forêt : deux ébauches d'étude sur l'œuvre de Rodney Graham; Suivi de Lenz par Rodney Graham. — Traduit par Thierry Dubois. — Bruxelles : Yves Gevaert, c1996. — 22, [2], [16] p. — (Documenta et Opuscula; 17). — Titre original : Into the forest : two sketches for studies of Rodney Graham's work, Vancouver Art Gallery, c.1988

1995

Robert Smithson : operations on nature. — Toronto : Art Gallery of Ontario, [1995?]. — [20] p. — Voir le texte de Rodney Graham : « Smithson's brain », p. [19–20]. Ce texte est repris (sous le même titre) dans *Robert Smithson in Vancouver: a fragment of a greater fragmentation* [sous la direction de Grant Arnold], Vancouver : Vancouver Art Gallery, c2003, p. 83–85

1992

Books, prints, objects by Stanley Brouwn, Daniel Buren, Jean-Marc Bustamante, Thierry de Cordier, Dan Graham, Rodney Graham, Matt Mullican, Phillip van Snick, Jan Vercruysse, Lawrence Weiner, James Welling. — Ed. Yves Gevaert. — Eindhoven : Van Abbemuseum, 1992. — 56 p.

1991

Augaitis, Daina *et al.* — Eye of nature. — Banff : Walter Phillips Gallery, 1991. — 139 p. — Voir la série *Flanders Trees* de Rodney Graham ainsi que le texte de Matthew Teitelbaum : « Sighting the single tree sighting the new found land », p. 71–88 (Rodney Graham, p. 87–88)

1990

Graham, Rodney. — Two sources for a possibly fictional element in Freud's «Katharina» case-study. — Vancouver : Or Gallery Society, c1990. — [4] p.

1987

Brooks, Rosetta *et al.* — Thought objects. — Buffalo : CEPA; New York : JAA Press, c1987. — 142 p. — (Just Another Asshole; 7)

Principaux catalogues d'expositions collectives (depuis 2000)

2006

Dormir, rêver... et autres nuits. — [Bordeaux] : CAPC Musée d'art contemporain; Lyon : Fage éditions, c2006. — 191 p. — Texte en français et en anglais

Public Space / Two Audiences. Obras y documentos de la Colección Herbert. Inventaire. — Barcelona : MACBA; Graz : Kunsthaus am Landesmuseum Johanneum Graz, 2006. — 425 p. — Aussi disponible en catalan et en allemand

2005

50 Jahre / Years Documenta 1955–2005 : diskrete Energien = discreet energies : archive in motion. — Göttingen : Steidl, 2005. — 2 vol. — Comporte un texte de Rodney Graham : « Rodney Graham : Documenta 9 : Five Interior Design Proposals For the Grimm Brothers' Studies in Berlin, 1992 », p. 73–74

Ecstasy : in and about altered states. — Edited by Lisa Mark. — Los Angeles : The Museum of Contemporary Art; Cambridge/London : MIT Press, [2005]. — 252 p.

Intertidal : Vancouver art & artists. — Antwerpen : Museum van Hedendaagse Kunst Antwerpen; Vancouver : Morris and Helen Belkin Art Gallery, c2005. — 205 p.

Miradas y conceptos en la colección de Helga de Alvear. — Badajoz : MEIAC, 2005. — 483 p. — Texte en espagnol et en anglais

Police. — Linz : Landesgalerie Linz am Oberösterreichischen Landesmuseen, c2005. — 99 p. + 1 CD-Rom. — Texte en allemand et en anglais

Richard Wagner : visions d'artistes : d'Auguste Renoir à Anselm Kiefer. — [Sous la direction de Paul Lang]. — Genève : Musées d'art et d'histoire; Paris : Somogy éditions d'art, c2005. — 287 p.

Superstars : Das Prinzip Prominenz in der Kunst – von Warhol bis Madonna. — [Sous la direction de Ingried Brugger et Gerald Matt]. — Ostfildern-Ruit : Hatje Cantz, 2005. — 320 p.

Whitney Biennial 2006 : day for night. — New York : Whitney Museum of American Art, c2005. — 396 p.

Dean, Tacita. — An Aside : selected by Tacita Dean. — London : Hayward Gallery Publishing, c2005. — 78 p.

Love, Karen; May, Elizabeth. — Weathervane = L'air du temps. — Ottawa : La Galerie d'art d'Ottawa, c2005. — 95 p.

Molon, Dominic; Rooks, Michael. — Situation comedy : humor in recent art. — With an excerpt by *Me talk pretty one day* by David Sedaris. — New York : Independent Curators International, c2005. — 69 p.

2004

Friedrich Christian Flick Collection im Hamburger Bahnhof. — Berlin; Köln : SMB-DuMont, c2004. — 567 p. — Texte en allemand; trad. en anglais à la fin

Portraits d'arbres, Henri Gadeau de Kerville au regard de la photographie contemporaine. — Sous la direction de Didier Mouchel. — Paris : Le Point du Jour; Musée d'Évreux, 2004. — 109 p.

Sons & lumières : une histoire du son dans l'art du xxe siècle. — Paris : Centre Pompidou, c2004. — 375 p.

Videodreams : zwischen Cinematischem und Theatralischem = Videodreams : between the cinematic and the theatrical. — Köln : Verlag der Buchhandlung Walther König, c2004. — 195 p.

2003

Le beau corps de la mémoire. — Grand-Hornu : Musée des arts contemporains de la Communauté française de Belgique, 2003. — 139 p.

Crosscurrents at century's end : selections from the Neuberger Berman Art Collection. — New York : Neuberger Berman, 2003. — 128 p.

Doublures : vêtements de l'art contemporain. — Québec : Musée national des beaux-arts du Québec, 2003. — 117 p.

Extended play : art remixing music. — New Plymouth : Govett-Brewster Art Gallery, 2003. — 55 p.

From dust to dusk : an international exhibition of contemporary art. — Editor and curator, Pontus Kyander. — Copenhagen : Charlottenborg Udstillingsbygning, c2003. — 224 p.

Biennale d'art contemporain (Lyon, France) (7e : 2003). — 7e Biennale d'art contemporain de Lyon. — [Dijon] : Presses du réel; Fage, 2003. — 223 p. — Texte en français et en anglais

Goetz, Ingvild; Urbaschek, Stephan; Museum für Neue Kunst (Karlsruhe, Allemagne). — Fast forward media art Sammlung Goetz. — München : Sammlung Goetz, c2003. — 529 p. — Texte en allemand et en anglais

Tannenbaum, Judith; Boulton Stroud, Marion. — On the wall : contemporary wallpaper. — Providence : Museum of Art, Rhode Island School of Design; Philadelphia : The Fabric Workshop and Museum, c2003. — 60 p.

2002

Biennale of Sydney 2002 : (the world may be) fantastic. — Sydney : Biennale of Sydney, c2002. — 251 p. — Comporte un texte de Rodney Graham : «[Vexation Island]», p. 85

Límits de la percepció. — [Texte, Teresa Blanch]. — Barcelona : Fundació Joan Miró, 2002. — 117 p. — Texte en catalan, en espagnol et en anglais

On stage. — Hanover : Kunstverein; Esslingen : Galerien der Stadt Esslingen, 2002. — 149 p. — Texte en allemand et en anglais

Remix : contemporary art & pop. — London : Tate, c2002. — 95 p.

Rock my world : recent art and the memory of rock'n'roll. — San Francisco : California College of Arts and Crafts, c2002. — 95 p.

The house of fiction. — Herausgegeben von/Edited by Michaela Unterdörfer. — St. Gallen : Sammlung Hauser und Wirth, c2002. — 131 p. — Texte en allemand et en anglais

Transformer. — [Pori] : Pori Art Museum, 2002. — 89 p.

Vidéo topiques. — Paris : Paris-Musées; Strasbourg : Musées de Strasbourg, c2002. — 189 p.

Friese, Peter. — Kunst nach Kunst = Art after art. — Bremen : Neues Museum Weserburg Bremen; Hauschild Verlag, c2002. — 223 p.

2001

010101 : art in technological times. — San Francisco : San Francisco Museum of Modern Art, 2001. — 152 p.

7th International Istanbul Biennial = 7. Uluslararasi Istanbul Bienali. — Istanbul : Istanbul Kültür ve Sanat Vakfi = Istanbul Foundation for Culture and Arts, c2001. — 2 vol.

9e Biennale de l'image en mouvement = 9th Biennial of moving images. — Saint-Gervais [Genève] : Centre pour l'image contemporaine, [2001]. — 191 p.

Artline 5 : Interactionen – Natur & Architektur. — Gent : S.M.A.K., 2001. — 136 p. — Texte en néerlandais, en anglais et en allemand

Commandes photographiques = Photographic commissions = Fotografische Auftragsarbeiten : Roy Arden, Bernd & Hilla Becher, Elliott Erwitt, Rodney Graham, Jan Henle, Josef Koudelka. — [Sous la direction de Natascha Langerman]. — Bruxelles : Merz, 2001. — 80 p.

Dynamics of form : narrative in the artist's book. — Sackville : Owens Art Gallery, 2001. — 23 p.

Loop : Alles auf Anfang = Loop, back to the beginning. — München : Kunsthalle der Hypo-Kulturstiftung; Berlin : KW – Institute for Contemporary Art, 2001. — 199 p. — Catalogue / Périodique (magazine 03/01)

Luminous : Iole Alessandrini, James Carl, Dan Flavin, Rodney Graham, Morris Graves, Joseph Kosuth, Tokihiro Sato, Julianne Swartz, Hap Tivey, Mark Tobey, Bill Viola, Dan Webb. — Bellevue : Bellevue Art Museum, c2001. — 79 p.

Wechselstrom : Sammlung Hauser und Wirth / Teil 2 : 13.05.–14.10.2001 Sammlung Hauser und Wirth in der Lokremise St. Gallen. — Herausgegeben von/ Edited by Michaela Unterdörfer. — Köln : Oktagon, 2001. — 99 p. — Texte en allemand et en anglais

Wiederaufnahme = Retake : Dave Allen, Andrea Bowers, Annika Eriksson, Rodney Graham, Christian Marclay, Hans Niehus, Adrian Piper, Slave Pianos. — Edited by Ulrike Groos and Susanne Titz. — Frankfurt am Main : Revolver, c2001. — 127 p. — Comporte des textes de Rodney Graham : « Ramblin' Man », p. 87, 88; « Impressionen von Aberdeen / Impressions of Aberdeen », p. 91, 93

FRAC Bretagne. — La Bretagne collectionne l'art de notre temps : les vingt ans du FRAC Bretagne. — Châteaugiron : FRAC Bretagne, c2001. — 103 p.

Herbert, Lynn M. — The inward eye : transcendence in contemporary art. — Houston : Contemporary Arts Museum, 2001. — 111 p.

Leiber, Stephen. — Extra art : a survey of artist's ephemera, 1960–1999. — Santa Monica : Smart Art Press, 2001. — 192 p.

2000

Dream machines — Selected by Susan Hillar. — London : Hayward Gallery, 2000. — 84 p.

Flight patterns. — Essays by Cornelia H. Butler, Lee Weng Choy, Francis Pound. — Los Angeles : Museum of Contemporary Art, c2000. — 159 p.

The greenhouse effect. — London : Serpentine Gallery; Paris : AFAA, 2000. — 81 p.

Let's entertain : life's guilty pleasures. — Minneapolis : Walker Art Center, 2000. — 317 p.

media_city Seoul 2000. — Seoul : Inter media_city Seoul 2000, c2000. — 392 p.

de Duve, Thierry. — Voici, 100 ans d'art contemporain. — Gand : Ludion; [Paris] : Flammarion, c2000. — 301 p.

Gale, Peggy. — Tout le temps : La Biennale de Montréal 2000 = Every time : La Biennale de Montréal 2000. — Montréal : Centre international d'art contemporain de Montréal, [2000]. — 167 p.

Principaux textes dans périodiques (depuis 2000)

2006

Bagatavicius, Christina. — « Rodney Graham : A Glass of Beer and Other Works : Lisson Gallery, London, Oct. 19–Nov. 23 ». — Parachute. Para-para-022. — N° 122 (avril/mai/juin 2006). — P. 2

Feaver, William. — « Rodney Graham : Lisson ». — ARTnews. — Vol. 105, no. 1 (Jan. 2006). — P. 138

Young, Clara; Mooney, Christopher. — « Hard luck and heavy feedback; on tour with the Rodney Graham Band ». — Modern Painters. — (Feb. 2006). — P. 47–49

2005

Andrews, Max. — « Art and psychoanalysis : Rodney Graham : ICA, London, UK ». — Frieze. — No. 91 (May 2005). — P. 76

Bonnin, Anne. — « Humoureuse de Rodney ». — ZéroDeux. — N° 33 (printemps 2005). — P. 22–24

Drouin-Brisebois, José. — « Rodney Graham's multiple identities ». — PAJ. — Vol. 27, no. 1, issue 79 (Jan. 2005). — P. 111–116

Miles, Christopher. — « Lost in the moment ». — Art in America. — Vol. 93, no. 3 (Mar. 2005). — P. 108–113, 148

Pearson, Gary. — « Vancouver, Canada : Rodney Graham : Vancouver Art Gallery ». — Sculpture. — Vol. 24, no. 6 (July/Aug. 2005). — P. 75–76

Ralickas, Eduardo. — « Moitié-moïté (quelques notes sur la dualité, la divisibilité et l'autoportrait d'artistes en habits dandys) ». — ETC Montréal. — N° 69 (mars/avril/mai 2005). — P. 41–47

Tetsuomi, Anzai. — « Rodney Graham : A Little Thought [...] ». — CV ciel variable. — N° 67 (juin 2005). — P. 30

2004

Burton, Johanna. — « Rodney Graham : 303 Gallery ». — Artforum. — Vol. 43, no. 1 (Sept. 2004). — P. 266

Dyment, Dave. — « Long music and the short now : on Rodney Graham's music ». — C. — No. 82 (Summer 2004). — P. 26–29, p. couv.

Graham, Rodney. — « Rodney Graham ». — Bomb. — [Interview, Kim Gordon]. — No. 89 (Fall 2004). — P. 22–29

Grande, John K. — « Rodney Graham : a little thought : Art Gallery of Ontario [...] ». — Vie des Arts. — Vol. 49, n° 195 (été 2004). — P. 119–120

Kuipers, Dean. — « Rodney Graham : on doing LSD in Berlin, looping experience, and being Sigmund Freud ». — Los Angeles City Beat. — No. 65 (Sept. 2, 2004). — Aussi en ligne [Réf. du 12 avril 2006]

Livesley, Adrian. — « Rodney Graham's Millennium Time Machine ». — Artichoke. — Vol. 16, no. 1 (Spring 2004). — P. 8–11

MacAdam, Barbara A. — « Rodney Graham : 303 ». — ARTnews. — Vol. 103, no. 9 (Oct. 2004). — P. 190

McBride, Jason. — « The big sleep : Rodney Graham's plots and loops ». — Cinema scope. — No. 19 (2004). — Aussi en ligne [Réf. du 12 avril 2006]

Miller, Barbara L. — « Re-evaluating virtual representation ». — Art Papers. — Vol. 28, no. 3 (May/June 2004). — P. 14–16

MW. — « Rodney Graham : Art Gallery of Ontario [...] ». — Artforum. — Vol. 42, no. 5 (Jan. 2004). — P. 71

Parsons, Sarah. — « Rodney Graham a little thought ». — Canadian Art. — Vol. 21, no. 1 (Spring 2004). — P. 44–47, p. couv.

Steiner, Shep. — « What is it about Vancouver Art? Tales of narrative entanglement from up north ». — X-Tra. — Vol. 6, no. 3 (2004). — Aussi en ligne [Réf. du 3 avril 2006]

Tumlir, Jan. — « Rodney Graham's black box treatment ». — X-Tra. — Vol. 6, no. 3 (Spring 2004). — P. 33–39

Wetterwald, Élisabeth. — « Rodney Graham : Mac. Galeries contemporaines des Musées de Marseille [...] ». — Parachute. Para-para -013. — N° 113 (janv./févr./mars 2004). — P. 2–3

2003

Detton, Keren. — « Rodney Graham : Whitechapel Gallery ». — Art Press. — N° 287 (févr. 2003). — Texte en français, suivi du texte en anglais. — P. 73–74

Farine, Manou. — « Rodney Graham ou la culture savante de la boucle ». — L'Œil. —N° 550 (sept. 2003). — P. 20–21

Hafner, Hans-Jürgen. — « Buzzes... others inside out... ». — C. — No. 77 (Spring 2003). — P. 22–25

Holmes, Pernilla. — « Ramblin' man ». — ARTnews. — Vol. 102, no. 3 (Mar. 2003). — P. 102–105

Kennedy, Julie. — « Rodney Graham, de l'autre côté du miroir ». — Vie des Arts. — Vol. 48, n° 191 (été 2003). — P. 64

Le Feuvre, Lisa. — « Rodney Graham : failures of communications ». — Katalog. — Vol. 15, no. 1 (Spring 2003). — P. 42–44

O'Quinn, Daniel. — « Madison, Wisconsin : exhibit : Rodney Graham : Madison, Art Center ». — Art Papers. — Vol. 27, no. 5 (Sept./Oct. 2003). — P. 52–53

Risalti, Sergio. — « Sunset boulevard : Rodney Graham's Rheinmetall/Victoria-8 ». — Parkett. — No. 69 (2003). — En allemand, sous le même titre, p. 199–200. — P. 197–198

Saurisse, Pierre. — « Rodney Graham : une photographie hallucinatoire ». — Beaux-Arts Magazine. Guide. — N° 230 (juill. 2003). — P. 66–67

Sausset, Damien. — « Rodney Graham à l'envers ». — Connaissance des Arts. — N° 608 (sept. 2003). — P. 34

Sholis, Brian. — « Rodney Graham : Madison Art Center ». — Flash Art. — Vol. 36, no. 231 (July/Sept. 2003). — P. 120

Steiner, Shep. — « L'autobiographie dans l'œuvre de Rodney Graham / Autobiography in the work of Rodney Graham ». — Art Press. — Traduction : Marianne Groves. — N° 295 (nov. 2003). — P. 29–37

Uh,Tse-Ling. — « Rodney Graham at Hauser & Wirth, Zürich ». — NY Arts. — Vol. 8, no. 11/12 (Nov./Dec. 2003). — P. 55

2002

« Edition for Parkett : Rodney Graham – Weather Vane, 2002 = Wetterfahne, 2002 ». — Parkett. — No. 64 (May 2002). — P. 130–131

Cooke, Lynne. — « Rodney Graham : a tale of a hat ». — Parkett. — No. 64 (May 2002). — En allemand, sous le titre « Rodney Graham : Geschichte eines Hutes », p. 106–115. — P. 96–115

Diez, Renato. — « Rodney Graham : sguardo sulla solitudine ». — Arte. — No. 350 (Oct. 2002). — P. 162–164

Graham, Rodney. — « Relaxing with Rodney Graham ». — Discorder. — [Interview, Brady Cranfield; photos, Shannon Oksanen]. — No. 227 (Mar. 2002). — Aussi en ligne [Réf. du 24 févr. 2006]. — P. 16–17

Hale, Mathew. — « "And I'm wondering who could be writing this song" ». — Parkett. — No. 64 (May 2002). — En allemand, sous le même titre, p. 125–129. — P. 116–124

Loubier, Patrice. — « Enclaves lentes : montrer le temps ». — Esse. — N° 46 (automne 2002). — Rodney Graham, p. 48–49. — P. 41–49

Stern, Steven. — « River deep mountain high ». — Frieze. — No. 71 (Nov./Dec. 2002). — P. 63–67

Suchin, Peter. — « Rodney Graham : London : Whitechapel Art Gallery ». — Contemporary. — No. 42 (Nov. 2002). — P. 91

2001

« Costumi ottocenteschi e sfilate in città : in mostra l'ultimo video di Rodney Graham ». — Arte. — No. 340 (Dec. 2001). — P. 223

Boubounelle, Laurent. — « T.J. Wilcox; Emma Kay : Chisendale Gallery : Rodney Graham : Lisson Gallery ». — Art Press. — N° 268 (mai 2001). — P. 71–72

Burnett, Craig. — « Who is the artist, baby? ». — Modern Painters. — Vol. 14, no. 1 (Spring 2001). — Numéro thématique : On photography and film. — P. 70–71

Feaver, William. — « Rodney Graham : Lisson ». — ARTnews. — Vol. 100, no. 3 (Mar. 2001). — P. 165

Graham, Rodney. — « A thousand words : Rodney Graham talks about the Phonokinetoscope ». — Artforum. — [Introduction, Rachel Kushner]. — Vol. 40, no. 3 (nov. 2001). — P. 116–117

Slade, Kathy. — « Rodney Graham : Presentation House, Vancouver ». — C. — No. 69 (Spring 2001). — P. 43

Slyce, John. — « Rodney Graham : Lisson Gallery, London ». — Art Monthly. — No. 243 (Feb. 2001). — P. 40–41

Sommerman, Eileen. — « The net effect ». — C. — No. 71 (Fall 2001). — P. 33–35

Spada, Sabina. — « Non solo musica : la letteratura romantica nei filmi di Rodney Graham ». — Arte. — no. 329 (Jan. 2001). — P. 208

Steiner, Shep. — « Rodney Graham : au delà des principes de la blague ». — Last Call. — Vol. 1, no. 1 (Summer 2001). — P. 1–2

Steiner, Shepherd. — « "What is Happy Baby?" Or jokes and their relations to the work of Rodney Graham : Lisson Gallery, London [...] ». — Parachute. Para-para-003. — N° 103 (juill./sept. 2001). — P. 2–3

Walen, Audrey. — « Rodney Graham ». — Tema Celeste. — Vol. 18, no. 88 (Nov./Dec. 2001). — P. 81

Wilson, Michael. — « New York round-up : Darren Almond : Matthew Marks Gallery, Rodney Graham [...] ». — Art Monthly. — No. 251 (Nov. 2001). — P. 40–43

2000

Estep, Jan. — « Rodney Graham : Donald Young Gallery ». — New Art Examiner. — Vol. 27, no. 5 (Feb. 2000). — P. 48–49

Graham, Rodney. — « Inverted trees and the dream of a book : an interview with Rodney Graham ». — Art on Paper. — [Interview, Barry Schwabsky]. — Vol. 5, no. 1 (Sept./Oct., 2000). — P. 64–69

Hauffen, Michael. — « Rodney Graham : "Some works with sound waves, some works with light waves and some other expermiental works" : Kunstverein München; Kunstverein Münster ». — Kunstforum International. — Nr. 152 (Okt./Dez. 2000). — P. 382–383

Holg, Garrett. — « Rodney Graham : Donald Young ». — ARTnews. — Vol. 99, no. 1 (Jan. 2000). — P. 172

Krummel, Clemens. — « Meta-virulent ». — Texte zur Kunst. — Vol. 10, nr. 40 (Dez. 2000). — P. 181–186

Zdanovics, Olga. — « Rodney Graham ». — Art Papers. — Vol. 24, no. 1 (Jan./Feb. 2000). — P. 49

Enregistrements sonores

2005
Rodney Graham Band : trouble in the world. — Lisson Gallery, p2005. — 1 CD-Rom

[Artistes variés]. — Vancouver Complication. — Sudden Death Records, p2005. — 1 CD-Rom. — Comporte 2 chansons du groupe UJ3RK5 [You Jerks], dans lequel jouait Rodney Graham

2004
Graham, Rodney. — Rock is hard. — AGO, p2004. — 1 CD-Rom. — Aussi disponible sur disque vinyle

2002
Rodney Graham Band : never tell a pal a hard luck story. — JC/DC Studios, p2005. — 1 CD-Rom

2000
Because tomorrow comes #3. Alexander Györfi, Slave Pianos, Rodney Graham, Annika Eriksson, Kristin Oppenheim, Dave Allen, Johannes Wohnseifer, Ross Sinclair, Christine und Irene Hohenbüchler, [Johannes Wohnseifer]. — BTComes, p2000. — 1 CD-Rom + feuillet

What is happy, baby? — [David Tyler, Westpoint Studio, London, p2000]. — 1 CD-Rom

Graham, Rodney. — The bed-bug, love buzz : and other short songs in the popular idiom. — [Dia Center for the Arts, p2000]. — 1 CD-Rom.

Graham, Rodney. — Getting it together in the country : some works with sound waves, some works with light waves and some other experimental works. — Oktagon, p2000. — 1 disque 33 tours

1999
Graham, Rodney. — Rodney Graham : I'm a noise man. — Kunsthalle Wien, p1999. — 1 CD-Rom. — Accompagne la publication : *Kunsthalle Wien, Rodney Graham: cinema music video,* Brussels: Yves Gevaert, 1999, 125 p.

1991
Graham, Rodney. — Verwandlungsmusik : orchestral highlights from Parsifal (1882-38, 969, 364, 735, A.D.). — Espace Art Contemporain, Maison de la Culture et de la Communication de Saint-Étienne, Yves Gevaert, p1991. — 1 CD-Rom, livret [14] p.

1980
UJ3RK5 [You Jerks]. — Vancouver, Quintessence Records, p1980. — 1 disque vinyl

Liste des œuvres

How I Became a Ramblin' Man, 1999
Installation, film couleur 35 mm transféré sur DVD, projection en boucle, 9 min., son, 1|4
Production Donald Young Gallery, Chicago
Collection Musée d'art contemporain de Montréal

Loudhailer, 2003
Installation, deux films couleur 35 mm non synchronisés, deux projecteurs 35 mm, projection en boucle, CD audio non synchronisé
2|5
Production Donald Young Gallery, Chicago et Hauser & Wirth, Zürich Londres
Collection Bob Rennie, Rennie Management, Vancouver

Loudhailer Vitrine, 2003
Acier, verre, bois, support à vêtement, veston d'uniforme, gilet de sauvetage, mégaphone et casquette
Collection Bob Rennie, Rennie Management, Vancouver

Torqued Chandelier Release, 2005
Installation, film couleur 35 mm, projecteur 35 mm, projection en boucle, 5 min.
A.P.1/1
Production Donald Young Gallery, Chicago, Hauser & Wirth, Zürich Londres et Lisson Gallery, Londres
Collection Bob Rennie, Rennie Management, Vancouver

Allegory of Folly: Study for an Equestrian Monument in the Form of a Wind Vane, 2005
Transparents noir et blanc et caissons lumineux
Diptyque
306 x 141 x 18 cm (chaque élément)
Avec l'aimable concours de 303 Gallery, New York

Screen Door, 2005
3|3
Argent
203 x 82 x 12 cm
Collection Musée d'art contemporain de Montréal

A Glass of Beer, 2005
Sérigraphie sur miroir et encadrement laqué
Édition de 18 et 3 É.A.
122 x 104 cm (chacune)
Production Donald Young Gallery, Chicago et de la Christine Burgin Gallery, New York
Avec l'aimable concours de la Christine Burgin Gallery, New York

Awakening, 2006
2 épreuves argentiques encadrées
120 x 270 cm (dimensions approximatives)
Production Donald Young Gallery, Chicago et Hauser & Wirth, Zürich Londres

Three Musicians (Members of the Early Music Group "Renaissance Fare" Performing Matteo of Perugia's "Le Greygnour Bien" at the Unitarian Church of Vancouver, Late September 1977), 2006
Trois transparents, trois caissons lumineux
305 x 122 cm chaque élément (dimensions approximatives)
Production Donald Young Gallery, Chicago et Hauser & Wirth, Zürich Londres

Lobbing potatoes at a Gong (1969), 2006
Installation, film super 16 mm noir et blanc, projection en boucle
Copper Kettle (1969), vidéogramme, son, 3 min.
Bouteille de vodka
Production Donald Young Gallery, Chicago et Hauser & Wirth, Zürich Londres

Paradoxical Western Scene, 2006
Transparent, caisson lumineux
122 x 140 cm (dimensions approximatives)
Production Donald Young Gallery, Chicago et Hauser & Wirth, Zürich Londres
(Non reproduite au catalogue)

Essence of Smoke / Essence de fumée, 2006
4 transparents, 4 caissons lumineux
28 x 36 cm (chacun)
Production Christine Burgin Gallery, New York
(Non reproduite au catalogue)

Sans titre, 2006
Huile sur toile
26,7 x 23,5 cm
42 x 38,5 cm (encadrement)
Collection Robert-Jean Chénier, Montréal

Sans titre, 2006
Huile sur toile
37,5 x 28 cm
53,3 x 43,2 cm (encadrement)
Collection particulière, Montréal

Sans titre, 2006
Huile sur toile
35,6 x 28 cm
50,8 x 43,2 cm (encadrement)
Collection particulière, Montréal